# He Pā Auroa

# A Dictionary and Language Guide for Students of Māori

## IAN CORMACK

NELSON
CENGAGE Learning

Australia · Canada · Mexico · New Zealand · Singapore · Spain · United Kingdom · United States

**He Pa Auroa - A Dictionary and Language Guide for Students of Maori**

**Ian Cormack**

Any URLs contained in this publication were checked for currency during the production process. Note, however, that the publisher cannot vouch for the ongoing currency of URLs.

For product information and technology assistance,
in Australia call **1300 790 853**;
in New Zealand call **0800 449 725**

For permission to use material from this text or product, please email **aust.permissions@cengage.com**

ISBN 978 0 17 095005 3

**Cengage Learning Australia**
Level 7, 80 Dorcas Street
South Melbourne, Victoria Australia 3205

**Cengage Learning New Zealand**
Unit 4B Rosedale Office Park
331 Rosedale Road, Albany, North Shore 0632, NZ

For learning solutions, visit **cengage.com.au**

Printed in China by China Translation & Printing Services.
5 6 7 8 9 10 11 15 14 13 12 11

# CONTENTS

# ℐNTRODUCTION

This introductory dictionary for students of Māori is based on vocabulary for the first three levels of the textbook series *Te Ia Reo*, with the addition of various other words of interest.

The conventions for the **dictionary lists** are few and simple.

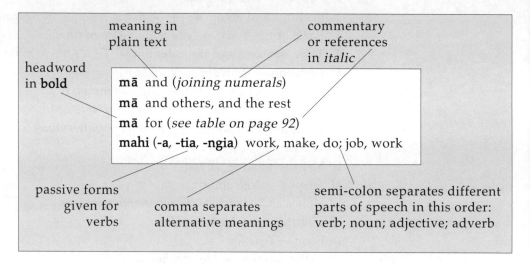

| meaning in plain text | | commentary or references in *italic* |
|---|---|---|

headword in **bold**

**mā** and (*joining numerals*)
**mā** and others, and the rest
**mā** for (*see table on page 92*)
**mahi (-a, -tia, -ngia)** work, make, do; job, work

passive forms given for verbs — comma separates alternative meanings — semi-colon separates different parts of speech in this order: verb; noun; adjective; adverb

The section of **thematic lists** groups together related words from the main body of the dictionary. Additonal high interest words have also been introduced. Once you are familiar with the themes and their subheadings, you will find these lists very useful to refer to and to expand your vocabulary.

The **guide to grammar and structures** gives explanations and examples for some of the most common elements of Māori grammar. A section on word building gives guidelines on basic ways in which words can be built from root words and prefixes.

We hope that this book will be a valuable reference for students of Māori. We welcome your comments on this first edition and look forward to your suggestions for developments and improvements in future editions.

# DICTIONARY

# MĀORI-ENGLISH

**ā** and (*when joining a series of actions together*)

**a** of, belonging to (*see page 83*)

**ā** *shows the action is in the future*

**a** *used to refer to: (1) place names, e.g.* **he tāone nui a Tāmaki-makau-rau** Auckland is a big city; *(2) people – names and pronouns, e.g.* **kei te kōrero a Maata** Maata is talking, **kei te kōrero a ia** she is talking

**ā kōrua** your (*'you two'*)(*see tables on page 89*)

**ā koutou** your (*'the three or more of you'*) (*see tables on page 90*)

**ā mātou** our (*'us – me and them'*) (*see tables on page 90*)

**ā māua** our (*'us two – me and her/him'*) (*see tables on page 89*)

**ā muri** afterwards (*in the future*)

**ā muri ake nei** in the future

**ā rātou** their (*'the three or more of them'*) (*see tables on page 90*)

**ā rāua** their (*'the two of them'*) (*see tables on page 89*)

**ā tātou** our (*'us all – me and two or more of you'*) (*see tables on page 90*)

**ā tāua** our (*'us two – me and you'*) (*see tables on page 89*)

**ā te tau e heke mai nei** next year

**ā tērā** next, the coming ...

**ā tērā tau** next year

**ā tōna wā** in time, in its own time

**āe** yes

**āe hoki** yes indeed

**aha** what

**ahakoa** although, despite

**ahau** I, me

**ahiahi** afternoon, evening

**ahiahi pō** evening

**āhua** looks, appearance, shape, form

**āhua** fairly, rather, somewhat

**āhua o te rangi** weather

**āhuatanga** event, happening, aspect, circumstance

**ahurea** culture

**ahurei** unique

**Ahuriri** Napier

**āhuru** comfortable

**ahuwhenua** farming, agriculture

**āianei** soon, now (*within the next few moments*)

**āianei nā** now, in a minute

**aihikirīmi** ice-cream

**āinei** now, in a minute (*Northern dialect*)

**aka** vine

**ake** from below, upwards

**ake** own; self

**Āketina** Argentina

**ako** (**ākona, akotia, akongia**) learn

**ākonga** student, pupil

**ākonga whakawhiti** exchange student

**aku** my (*see tables on page 89*)

**āku** my (*see tables on page 89*)

**ākuanei** soon, presently

**Akuhata** August

**Amerika ki te Tonga** South America

**amiorangi** satellite

**amuamu** (**-tia**) grumble, complain

**ana** her, his (*see tables on page 89*)

**āna** her, his (*see tables on page 89*)

**anā** there (it is) (*near listener*)

**āna** yes (*Wanganui, Taranaki dialect*)

**anāianei** now, in a minute

**anake** only, alone

**anei** here (it is) (*near speaker*)

**ānini** dizzy, giddy

**anō** *adds emphasis to the word it follows, e.g.* **ki a koe anō tēnā pukapuka** *you* keep that book

**anō** again

**ao** world

**ao hurihuri** changing world

**Aotearoa whānui** throughout New Zealand

**Aperira** April

**āpiha** officer

**āpōpō** tomorrow

**āporo** apple

**ara** path, way, road

**arā** there (it is) (*over there – away from speaker and listener*)

**arā** that is, namely, so to say

**ara pahi** bus route

**Aranga** Easter

**ārani** orange

**ararewa** lift, elevator

**arawhata** ladder

**arewhana** elephant

**aro (-hia, -tia, -ngia) (ki)** interested (in)

**aroha (-ina) (ki)** feel love (for), pity, feel sorry (about)

**aroha ana** sorry about that, how sad

**ā-rohe** regional

**ata** morning

**ātaahua** beautiful, pretty, good-looking

**atatū** (*the time just after*) dawn

**atu** *indicates direction away from the speaker or person performing the action*

**au** I, me

**āu** your (*'you – one person'*) (*see tables on page 89*)

**aua** the, those (already mentioned)

**aua hoki** I don't know

**auaha** innovative, creative

**auahi** smoke

**auē** *exclamation of astonishment or distress*

**autāne** brother-in-law (*of a woman*)

**auwahine** (*plural* **auwāhine**) sister-in-law (*of a male*)

**awa** river

**āwangawanga (-tia)** worry, be anxious

**awatea** day, daylight

**Awherika ki te Tonga** South Africa

**awhi (-tia)** embrace, hug

**awhiawhi (-tia)** cherish, look after

**āwhina (-tia)** help, assist, aid

**e** *used before numbers 2-9 when counting specific objects*

**e** *used to introduce exclamations*

**e** *used: (1) before commands of one or two syllables, e.g.* **e noho**; *(2) when addressing someone with a name or term of address of one or two syllables, e.g.* **e Rangi, e hoa**

**e … ana** *shows continuing action; see page 94*

**e hia** (*dialect variation* **e whia**) how many

**e hika** *exclamation of surprise*

**e hine** *term of address to a girl, a young woman, a daughter, or a niece*

**e kara** *Tai Tokerau term of address to an older man*

**e kī** *exclamation of surprise*

**e kī rā** *exclamation of surprise*

**e kō** *term of address to a girl or young woman*

**e koro** *term of address to an older man*

**e kui** *term of address to an older woman*

**e mā** Mum (*term of address*)

**e mara** *exclamation of surprise*

**e mara mā** *general term of address used in Tai Tokerau*

**e noho rā** goodbye (*to a person staying*)

**e pā** sir (*term of address*)

**e pā ana** about, concerning

**e pēhea ana …** how is/are …

**e tā** *exclamation of surprise*

**e whae** Mum (*term of address*)

**ehara** is/are/was/were ... not ...
**ēhea** which (ones)
**eke (-a)** climb up, get into (*a vehicle*)
**eke (-a) pahikara** cycle, ride a bicycle
**ēnā** those (*near listener*)
**ēnei** these (*near speaker*)

**engari** but
**ērā** those (*over there – away from speaker and listener*)
**ētahi** (*dialect variation* **ētehi**) some (*of a group*)
**ētahi ... ētahi ...** some ... others ...

**hā** taste
**haere (-a, -tia, -ngia)** go
**haere mai** (*dialect variation* **haramai**) come
**haere mai** (*expression*) welcome, come here
**haere rā** goodbye (*to a person going*)
**haere tahi** go with, accompany
**haere whakangahau** go on a trip; trip
**hāereere** stroll
**haerenga** coming, going
**Haina** China
**Hainamana** Chinese
**Hakihea** December
**hākinakina** game, sport
**hāmama** open-mouthed
**hamarara** umbrella
**hamipēka** hamburger
**Hāmoa** Samoa
**hanawiti** sandwich
**hanga** fairly, rather, somewhat
**hanganga** creation
**hangarau** technology
**hangarau kai** food technology
**Hānuere** January
**hao (-na)** fish (with a net)
**haora** hour, o'clock
**Hapanihi** Japanese
**hapū** subtribe; be pregnant
**hararei** holiday
**Haratua** May
**harawene** jealous

**hari** joy, happiness, gladness; happy, glad
**hari (-a)** take, bring, carry
**haruru** sound, roar
**Hātarei** Saturday
**hāte** shirt
**hau** wind, gas
**hauangi** cool
**hauāuru** west
**haukāinga** home place, real home
**haumāori** natural gas
**hāunga** besides, apart from
**hauora** health
**haupōro** golf
**haurua mai i** half past (the hour)
**hauwhā ki** quarter to (the hour)
**hauwhā mai i** quarter past (the hour)
**hāwhe pāhi i** half past (the hour)
**he** a, some
**he aha** what (is/are)
**he nui** there is/are enough/sufficient
**he nui atu** (there are) a lot more
**he ruarua noa iho** only a few
**he tika tāu** you're right, you're correct
**hea** (*dialect variation* **whea**) where
**hei** as (a), for
**hei** *shows location in the future, e.g.* **hei konei ia āpōpō** he will be here tomorrow
**hei aha** never mind
**hei kai hauora** for healthy eating
**hei konei rā** goodbye (*to a person staying*)

**hei konā rā** goodbye (*to a person staying, used in letters and phone calls*)

**heke (-a, -tia, -ngia)** come down, descend, climb down

**hekenga** migration

**heketua** toilet pan

**hēki** egg

**hēkona** second (*time*)

**hemo** die

**heneti** cent

**heoi** however, but

**heoi anō** well, nevertheless, so

**Hepetema** September

**Here-turi-kōkā** August

**herewī** celery

**hī (-a)** fish (with a line)

**hia** *see* **e hia, kia hia**

**hiahia (-tia)** want, need

**hiainu** thirsty

**hiakai** hungry

**hiki (-tia)** lift, lift up

**hikinga** lifting

**hīkoi (-tia)** walk, march

**hiku** tail

**hīmene** hymn

**hine** girl, daughter

**hinga** fall (over)

**Hingapō** Singapore

**hinu** fat

**hinu kueo** saturated fat

**hirikakā** chilli (pepper)

**hīti** sheet

**hoa** friend

**hoa rangatira** partner, husband, wife

**hoahoa (-tia)** design

**hoatu** give (*away from the speaker*), add

**hoatu** (you) go ahead (*said when speaker will follow after*)

**hōhā (ki)** tired (of), sick (of)

**hōhipere** hospital

**hōhipere-ā-rohe** regional hospital, base hospital

**hōia** soldier

**hōiho** horse

**hoki** also, too, as well

**hoki (-a)** return, go back

**hōki** hockey

**hoko (-na)** buy, sell

**hōmai** give (*towards speaker*)

**hongere** channel (*television*)

**hongi (-hia)** greet (with a hongi), sniff

**Hongipua** Hong Kong

**Hōngongoi** July

**hononga** connection

**hopuni** camp

**hopuni ope taua** military camp

**hora (-hia)** spread out

**hōro** hall

**horoi (-a, -ngia)** wash, clean

**horopuehu (-tia)** vacuum; vacuum cleaner

**hōtiti** sausage

**hou** (*dialect variation* **hōu**) new

**hotuhotu** sob; sobbing

**hū** shoe

**hua** fruit, benefit

**hua kiwi** kiwifruit

**hua rākau** fruit (*of a tree*)

**hua whenua** vegetable

**huānga** relations (*by blood*)

**huarahi** road, street

**huarahi matua** main road

**huarere** weather

**huhua** many, abundant

**hui (-a)** meet, gather; meeting, gathering

**Hui-tanguru** February

**huka** sugar

**hunaonga** daughter/son -in-law

**Hune** June

**hunga** crowd, group

**hungarei** father/mother -in-law

**hura kōhatu** unveiling (*of a headstone*)
**Hūrae** July

**huri (-hia)** turn, change
**huruhuru** hair

**i** along
**i** at, by (*marks location in the past*)
**i** *before a noun or pronoun marks the object of an action, e.g.* **kei te kawe ia i te pouaka rahi** he is carrying the large box
**i** from (*after an action*), *e.g.* **kua puta mai te tamaiti i te whare** the child has come out of (from) the house
**i** *shows action happened in the past; see page 93*
**i ētahi wā** sometimes
**i muri (mai)** after, afterwards
**i nāia tonu nei** right now
**i nāianei** (*or* **ināianei**) now
**i nanahi** (*or* **inanahi**) yesterday
**i napō** (*or* **inapō**) last night
**i ngā rā o mua** in the past
**i ngā wā katoa** always
**i te mata o te whenua** throughout the country
**i te tau kua taha ake** last year
**i tērā** last (*in time phrases*)

**i tērā atu tau** the year before last
**i tērā pō** last night
**i tērā tau** last year
**ia** he, she
**ia ..., ia ...** each
**iho** from above, downwards, down
**ihu** nose
**ika** fish
**ikura roro** stroke (*medical condition*)
**ingoa** name
**inu (-mia)** drink
**ipu** container, vase, bucket, bin
**irāmutu** nephew, niece
**ita** firm, fixed
**iti** small
**iwa** nine
**iwi** tribe, people
**iwi kāinga** hosts, home people, people of the place

**ka** *indicates an action that has begun; also used to list a series of actions — past, present or future, depending on the context; see page 93*
**ka kino tō pai** you're really good at it
**ka kite (anō)** see you (again, later)
**ka mau te pai o ...** is neat, is really good
**ka rawe hoki** neat, great, excellent
**ka tika tēnā** that's correct
**kaha** strong, energetic, good at

**kahawai** kahawai (*species of fish*)
**kāheru** spade
**kāhore** no, not
**kahu kautere** life jacket
**kahupiri** leotard, skin-tight clothing
**kahurangi** blue, precious
**kai-** *prefix used to make a word for a person engaged in a particular activity; see page 102*
**kai (-nga)** eat; food
**kai ahiahi** evening meal, dinner

**kai hikareti** smoke (cigarettes)

**kai hokohoko** takeaways

**kai paipa** smoke (cigarettes)

**kai paraurehe** junk food

**kai taru kino** take drugs

**kai tina** eat/have lunch

**kaiahuwhenua** farmer

**kaiaka** athletics

**kaiako** teacher

**kaihoko** seller, salesperson

**kaihōpara** explorer

**kaihoro** eat fast; glutton

**kaikā** eager, keen

**kaikape** hooker (*rugby*)

**kaikōrero** speaker

**kaimahi** worker

**kaimahi-ā-iwi** social worker

**kāinga** (*dialect variation* **kāenga**) home

**kaipūkaha** engineer

**kaitaka rongoā** pharmacist, chemist

**kaitākaro** player, participant

**kaitoa** it serves you/him/… right

**kaitoko tēkehi** taxi driver

**kaituhi** writer, author

**kaituhi kaute** accounts clerk

**kaituku mahi** employer

**kaiwhakaako** coach, teacher

**kaiwhakangahau** entertainer

**kaiwhakarato kai** waiter, waitress

**kaiwhakarite uhunga** funeral director

**kaiwhakatāpoi** tourist

**kaiwhakawā** judge

**kaiwhakawā o te kōti mō ngā tūpāpaku** coroner

**kaka** dress, frock

**kākahu** clothes, dress, frock

**kākahu kaukau** swimsuit

**kakara** sweet smell

**kakī** neck

**kāmera ataata** video camera

**kamokamo** (*dialect variation* **kumikumi**) *type of vegetable similar to a small marrow*

**kamupene** company

**kāmura** carpenter

**kanapa** shining, polished, sparkling

**kanohi** face

**kāore** no, not

**kāore … e pai ki …** … don't/doesn't like …

**kāore au i te mārama ki …** I'm not clear about …

**kāore e kore** no doubt, doubtless

**kāore he take o …** is/are/was/were useless

**kāpata** cupboard

**kāpeti** cabbage

**kapo (-hia)** snatch, grab

**kāpō** blind

**kapu tī** cup of tea

**kapua** cloud

**karaka** clock, hour; o'clock

**karakia (-tia)** pray, say prayers; prayer, incantation

**karanga** relation (*by blood*)

**karanga (-tia, -hia)** call

**kararehe** animal

**kare** heater

**kāreti** carrot

**kāreti** college

**karu** eye

**kata (-ina)** laugh

**kātahi anō … ka …** for the first time, it's the first time that …, … has/have just

**katakata (-ina)** laugh (*repeatedly*)

**kāti** enough of that, stop (doing that)

**kāti noa** well then

**kati ūhanga** goal keep (*netball*)

**katoa** total (*amount, number*); all, every, complete, full; completely

**kaua e …** don't (*plus verb*)

**kaua e pēnā** don't be like that

**kauae** (*dialect variation* **kauwae**) jaw

**kauaemua** eldest (*child, brother, sister*)

**kauaeraro** youngest (*child, brother, sister*)

**kauaro** forward (*position in team sports*)

**kauhoe (-tia)** swim; swimming

**kaumanga** bath

**kaumātua** elder (*male or female – term of respect*)

**kaunihera** council

**kaunihera-ā-rohe** regional council, district council

**kaupapa** purpose, theme

**kaupapa ako** (school) subject

**kaupapa kōrero** topic

**kaupeka** season

**kāwanatanga** government

**kawe (-a)** take, bring, carry

**kawhe** coffee

**kāwhena** coffin

**kē** already

**kē** but, on the contrary, instead

**kei** at, by (*marks location at the present time*)

**kei** lest , in case, or else (*used to caution*)

**kei te** *shows action is in the present; see page 93*

**kēne** can

**kēti** gate

**ki** at, to, according to

**ki** with (*an object*)

**kī (-a)** say, tell

**ki a au nei** as far as I'm concerned

**ki mua** ago

**ki te ...** if

**ki taku rongo** (according to) what I've heard

**ki tōku mōhio** as far as I know

**kia** be (*command*)

**kia hia?** how many (do you want)?

**kia mau ki ...** keep to, stick to, retain (*command*)

**kia ora** greetings, hello, thank you, congratulations, I agree

**kia ora rawa atu** thanks very much

**kīhai** no, not (*used to negate a past sentence that has i as a tense indicator*)

**kīhini** kitchen

**kikorangi** blue

**kimi (-hia)** seek, look for (*with the eyes*)

**kino** bad

**kīnaki** relish (*refers to a song that complements or gives relish to a speech*), sauce, chutney

**kiore** rat, mouse

**kirikiti** cricket (*sport*)

**kite (-a)** see, find, discover

**ko** *used to identify or specify someone or something*

**kō atu** the far side (*of a distant object or place*)

**kō mai** this side (*of a distant object or place*)

**ko tātou katoa kei tēnā** we all agree with that

**koa** happy, pleased

**koa** please (*request*)

**koanga** spring (*season*)

**koata ki** quarter to (*the hour*)

**koata pāhi i** quarter past (*the hour*)

**koe** you (*one person*)

**kōhanga reo** language nest (*early childhood centre for Māori language immersion*)

**kohete (-tia)** scold, tell off

**kohi (-a)** gather, collect

**Kohi-tātea** January

**kōhua** pot, saucepan

**koia** that is, that's

**koinā** that's it, I agree

**koinei** this is, these are

**koma** comb

**komiti** committee

**konā** ... is / are there (*near listener*)

**konei** ... is / are here (*by speaker*)

**konutai** sodium

**korā** ... is / are there (*over there – away from speaker and listener*)

**kore utu** free (*of cost*)

**kōrere** tap

**kōrero** story

**kōrero (-tia, -hia, -ngia)** speak, say, tell, talk

**kōrero (-tia, -hia, -ngia) paki** tell jokes, tell stories, yarn

**kōrero-ā-whatu** to read (*silently*)

kōrero (-tia, -hia, -ngia) pukapuka  read

kōrero o mua (*usually plural*) history

kōrero o neherā (*usually plural*)  history, stories from the past

kōrero waea  phone call

kōrerorero (-tia, -hia, -ngia)  discuss

kori tīraurau  tea bag

koropupū  boil

kōrua (*dialect variation* kōurua)  you (*two people*)

kotahi  one (*when counting specific things*)

koti  coat

kōti  court (*of law*)

Kotirana  Scotland

kōtiro  girl, daughter

koutou  you (*three or more*)

kōwae ako  module (*educational*)

kōwhai  yellow

kua  *shows recently completed action; see page 94*

kua pahure ake nei  just past

kua tata ... te ...  be about to, nearly, on the point of

kūaha (*dialect variation* kūwaha)  door, doorway

kuhu (-na, -tia, -ngia)  enter, go into

kuia  old lady / woman (*term of respect*), grandmother

kūmara (*dialect variation* kūmera)  kumara, sweet potato

kumu  bottom, behind, backside

kupu  word

kura  school, course

kura teitei  high school

kura tini  polytechnic

Kura Tiwhikete  School Certificate

kura tuatahi  primary school

kurī  dog

kuru ūhanga  goal shoot

mā  and (*joining numerals*)

mā  and others, and the rest

mā  for (*see table on page 92*)

mā  white, clean

mā raro  by foot, on foot

mā runga  by means of (*transport*)

Maehe  March

maero  milo

mahana  warm

māhanga  twin

mahara (-tia)  remember, think

māharahara (-tia)  worry

mahi (-a, -tia, -ngia)  work, make, do; job, work

mahi kāinga  homework

mahi kaute  accounting

māhunga  head

Mahuru  September

mai  *indicates direction towards or connection to the speaker or person performing the action*

mai i ... tae noa ki ...  from ... to / until ...

māia  bold, brave, confident

maikuku  fingernail, toenail

maita  bowl, bowls

maita tekau pine  ten pin bowling

makariri  cold (*weather, feeling cold*)

makau  favoured, favourite

makawe  hair

makere  drop (*verb*)

makimaki  monkey

Makitānara  McDonald's

mākona  full (*stomach*)

māku  for me (*see table on page 92*)

mākū  wet

**māmā** easy, light

**mamae** sore, painful

**mana** power, prestige

**māna** for him, for her (*see table on page 92*)

**manaaki (-tia)** show respect for, look after

**manawa-hē** heart attack, cardiac arrest

**manawanui** patient, steadfast

**Mane** Monday

**mano** thousand

**manomano** million

**manu** bird

**manuhiri** visitor, guest

**māngai** mouth

**mangu** black (*living things*)

**Mangu Katoa** All Black

**maoa** (*dialect variation* **maoka**) cooked

**mapi** map

**māra** garden

**marae** *open space in front of meeting house, general area containing meeting house and other buildings*

**marama** month, moon

**maramara rīwai** (potato) chips

**maramataka** calendar

**marau** (school) subject

**mārena (-tia)** marry

**mārenatanga** marriage

**mārō** firm, hard

**maroke** dry

**mata** face, surface

**mātai matawhenua** geography

**mātakitaki (-tia)** watch

**mātakitaki taonga whakaata** to watch tv

**mataku** be afraid

**mātāmua** eldest (*child*), firstborn

**mātāmuri** last child (*in a family*)

**mātao** cold (*of food*)

**matapihi** window

**matatini** complex

**mātau** knowledgeable

**matau** right (*hand*)

**mātauranga ahupūngao** physics

**mātauranga koiora** biology

**mātauranga matū** chemistry

**mātauranga taka rongoā** pharmacology (*subject*)

**mate** die; dead, sore, sick

**mate ngau** cancer

**mate i te kai** hungry, starving

**matekai** hungry, starving

**matemate** die (*a number of deaths occurring at different times*)

**matenga** head

**matenga** death

**matewai** thirsty

**matihao** finger

**mātou** we, us (*they and I*)

**matua** (*plural* **mātua**) father, parent

**matua** main

**matua kē** stepfather

**matua kēkē** aunt, uncle

**māu** for you (*see table on page 92*)

**mau** wearing (*clothes*)

**mau ki** hold onto, retain, remain at

**māua** we, us (*he/she and I*)

**mauī** left (hand)

**maumahara (-tia)** remember

**maunga** mountain

**me** and, with

**me he ...** let it be ...

**me kī** that is (to say), I should say

**me te kata** and laughed, with laughter

**mea (-tia)** say, ask; thing

**Mei** May

**mema** member

**mema pāremata** Member of Parliament, MP

**meneti** minute

**miere** honey

**mīharo (-tia)** amaze; marvellous, amazing

**mihi (-a)** greet; greetings

**mīhini ātea** video game machine

**miraka** milk

**miraka tepe** yoghurt

**mirihau** windsurfing

**miriona** million

**mita** metre

**mīti** meat

**mō** for, about (*see page 91*)

**moana** sea

**Moana-nui-a-Kiwa (Te)** Pacific Ocean

**moata** early (*in the morning*)

**moe (-a)** sleep, marry

**moenga** bed

**moeroa** sleepyhead

**mōhio (tia)** know

**mōhio tonu** know straightaway

**moka tāone** suburb

**mōkai** pet

**mokemoke** lonely

**moko tuauri** dinosaur

**mokopuna** grandchild

**mōku** for me, about me (*see table on page 92*)

**momo** type, kind, sort

**mōmona** fat

**mōna** for her/him, about her/him (*see table on page 92*)

**moni** money

**motokā** car

**motu** island (*close to the mainland*)

**mōu** for you, about you (*one person*) (*see table on page 92*)

**moua** mower

**moutere** island (*not close to mainland*)

**mua** before, in front of

**muku** rubber, eraser

**muri** after, behind

**mutu** ended, finished

**mutunga** end, conclusion

**nā** belonging to (*see table on page 90*)

**nahanaha** neat, tidy, in order

**naihi** knife

**nāku** my, mine (*see table on page 90*)

**nama** fees

**nāna** his, her, hers (*see table on page 90*)

**nanawe** excited

**nati** nut

**nāu** your, yours (*one person*) (*see table on page 90*)

**nau mai** welcome

**nāwai** after a while, presently, in due course

**nāwai i roa** after a while

**nē** isn't that right/so (*seeking confirmation from listener*)

**neke (-hia)** move, shift

**netipōro** netball

**nō** belonging to, from (*see table on page 90*)

**nō/nā reira** so, therefore

**nō/nā te mea** because

**noa iho** only, quite

**Noema** November

**noho (-ia)** live, remain, sit, stay

**noho (-ia) pouaru** live as a widow/widower

**noho mai rā** goodbye (*to a person staying*)

**nōku** my, mine (*see table on page 90*)

**nōna** his, her, hers (*see table on page 90*)

**nōu** your, yours (*one person*) (*see table on page 90*)

**nui** big, important, large, many, enough, lots of

# NG

ngā the (*plural*)

ngā mihi o te pō good evening

ngahau lively

ngahere bush, forest

ngahuru autumn

ngākaunui (ki) keen (on), proud (of), looking forward (to)

ngaki (-a) weed

ngakototo cholesterol

ngana try, persist

ngaro missing, lost, disappear

ngaruiti microwave oven

ngātahi together

ngāwari easy, gentle, kind, soft

ngenge tired

ngere disappointed

ngeru cat

ngohengohe soft

ngoikore weak

ngongowai hose

ngunguru (-tia) sigh, utter a supressed groan

o of, belonging to (*see table on page 83*)

ō your (*one person*) (*see table on page 89*)

ō ki roto fit into

ō kōrua your ('*the two of you*') (*see table on page 89*)

ō koutou your ('*the three or more of you*') (*see table on page 90*)

ō mātou our ('*us – me and two or more of them*') (*see table on page 90*)

ō māua our ('*us two – me and her/him*') (*see table on page 89*)

o mua former

ō rātou their ('*the three or more of them*') (*see table on page 90*)

ō rāua their ('*the two of them*') (*see table on page 89*)

o te motu national

ō tātou our ('*us all – me and the two or more of you*') (*see table on page 90*)

ō tāua our ('*us two – me and you*') (*see table on page 89*)

ohaoha economics

oho (-tia) wake up

ohorere wake up suddenly, wake up with a start

Oketopa October

okioki (-ngia, -tia) rest

oko horoi washbasin

ōku my (*see table on page 89*)

oma (-kia) run

omaoma running (*race*)

ōna her, his (*see table on page 89*)

one beach

ono six

ope group (*of people*)

ora health, well-being; well, alive

ōrite same

otaota weeds

Ōtepoti Dunedin

oti finished, completed

otirā but

ōu your (*one person*) (*see table on page 89*)

**pae** form (*school*), level

**Paenga-whāwhā** April

**paetaha** sideline

**pahi** bus

**pahure (-tia)** pass by

**pai** good, fine, well

**pai** like, *e.g.* **he pai ki a au te kauhoe** I like swimming

**paihikara** (*dialect variation* **pahikara**) bicycle

**pakaru** break down; broken

**pakeke** adult, grown-up

**pākete** packet

**pāketi** spaghetti, pasta

**paki** fine (*of weather*)

**paki (-a, -tia)** slap, hit

**pakipaki (-tia, -ngia)** clap, applaud

**pakitara** wall

**pāmu** farm

**panana** banana

**pane** monitor, screen (*computer*)

**Paniora** Spanish

**pāngarau** mathematics

**pango** black (*inanimate things*)

**pānui (-tia)** read out

**pānuitanga** advertisement

**paoka** fork

**pāpā** father, dad

**papa** floor

**papa kāinga** home (*the home you were brought up in*)

**papa tākaro** playing field, sports ground

**papa tongarewa** museum

**papa tuhituhi** blackboard

**papahū** aflame, bursting into flame

**paraikete** blanket

**Paraire** Friday

**parakipere** blackberry

**parakuihi** breakfast

**parāoa** bread

**parāoa rimurapa** pasta

**parauri** brown

**Pare Waikato** *name for the tribal district of Waikato*

**parehe** pizza

**pārekareka** enjoyable

**pāreti** porridge

**paru** dirty

**pata** butter

**pata** grain

**pata kai** cereal

**pātai (-hia, -tia)** to ask

**pātaitai (-tia)** ask (lots of) questions, inquire

**patapatai (-tia)** to ask (a series of) questions

**pātī** party

**pātiki** flounder (*species of fish*)

**pātītī** grass

**pau** used up, all gone, consumed

**pau te hau, (kua)** exhausted, worn out, out of breath

**paukena** pumpkin

**paunga rāwhitu** weekend

**pea** bear

**pea** pear

**pea** perhaps

**pēhea** how

**pēhea ō kōrua whakaaro** what do you (two) think

**Peina** Spain

**pēke** bag

**pēke** bank

**peke (-a)** jump

**pene** pen

**pene hinu** felt tip pen

**pene rākau** pencil

pepa  pepper
pēpi  baby
Pepuere  February
pere  bell
pereti  plate, dish
pīata  shining, polished, sparkling
pihikete  biscuit
piki (-a)  climb (up)
pikitia  picture
pikitia whakakatakata  comedy (*film*)
pine  pin, peg
Pipiri  June
pīrangi (-tia)  wish, want, desire
piriota  billiards
piro  score a try
pīrori (-a,-tia)  bowl (*ball*)
pō  night,
poaka  pig
pōhēhē (-tia)  think (mistakenly)
poho  chest, breast
poi ngohengohe  softball
poi tūkohu  basketball
poirewa  volleyball
poiuka  baseball
pokotaringa  portable radio/tape/CD player
pona  knee
Pōneke  Wellington
pōraru  confused
pōro  ball
pōtae  hat
pōtae mārō  crash helmet, hard hat, safety helmet
poti  boat
pōtiki  youngest (*child in a family*)
poto  short
poto nei te wā ka ...  it was a short time before
pōturi  slow
pou irirangi  aerial
poua  grandfather (*southern dialect*)
pouaka  box
pouaka whakaata  television

pouaka whakamātao  refrigerator
pouaru  widow, widower
poupoutanga o te rā  midday
pourewa  tower
Pourewa Rangi  Sky Tower
pōuri  sad
Poutū-te-rangi  March
pū  lie in a heap
puare  open
puia  volcano
puka  sheet of paper
pukapuka  book
puke  hill
pūkei (-tia) (*dialect variation* pukai (-tia))  stack; (a) stack
pūkenga  skill(s)
puku  stomach, belly
pukumahi  hardworking, industrious
pune  spoon
pūmanawa  ability, talent
punua  young (*of animals*)
punua kurī  puppy
punua ngeru  kitten
punua poaka  piglet
puoto  sink
pupuhi (pūhia)  blow
pupuri (puritia)  hold
pūrere  machine
pūrere ataata  video cassette player
pūrere horoi  washing machine
pūrere horoi pereti  dishwasher
pūrere whakamaroke kākahu  clothes dryer
pūrini  pudding
purotu  attractive, handsome
puru (-a)  put into (*an enclosed space*)
puruma (-tia)  sweep, clean; broom
puta mai  appear, come out
pūtaiao  science
pūtea  basket, income (*money*)
pūtea taurewa  loan (*money*)
putiputi  flower

**rā** sun, day

**rā huritau** birthday

**rā whakatā** (*always plural*) weekend

**Rāapa** Wednesday

**rae** forehead

**rahi** large

**Rāhina** Monday

**Rāhoroi** Saturday

**Rāhui-pōkeka** Huntly

**raihi** rice

**rāima** concrete

**raiona** lion

**rākau** tree

**rākau hua** fruit tree

**raki** northern, north

**Rāmere** Friday

**rānei** or

**rangatahi** young people, youth

**rangi** day, weather

**Rāpare** Thursday

**rapu (-a, -hia)** seek, look for (*physical search*)

**rapu mahi** look for work/a job

**rārangi** list

**rare** lolly, candy

**raro** north

**raro** under, underneath, below

**rarohenga** underworld

**raruraru** trouble, concern

**Rātapu** Sunday

**rātou** they, them (*three or more*)

**rātou ko** and (*joining three or more people's names*)

**Rātū** Tuesday

**rau** hundred

**rau** leaf

**rāua ko** and (*joining two people's names*)

**raumati** summer

**rawa** goods, possessions

**rawa** too

**rawe** excellent, very good

**rāwhiti** east

**rāwhitu** week

**reanga** form (*school*), level

**rehu horoi** washing powder

**reira** there, that place (mentioned before)

**reka** delicious, nice-tasting, sweet

**reo** language

**reo Ingarihi** English (language)

**reo irirangi** radio (broadcast)

**reo Māori** Māori (language)

**reo o tauiwi** English (language)

**reo Pākehā** English (language)

**reo rangatira** Māori language

**rere (rērea)** fly, rush

**rere tuanui** guttering

**rerekē** different

**rererangi pōwaiwai** helicopter

**rererangi pūkaha hū** jet plane

**rerewai** dish rack, draining rack

**reri** ready

**rētihi** lettuce

**retihuka** skiing

**retireti ā-papa wira** skateboarding

**rīhi (-tia)** rent

**rīki** (rugby) league

**rīki** onion

**rima** five

**ringa(ringa)** hand, arm

**rīpene ataata** video, videotape

**riri** angry

**rite tonu** just like

**rīwai** potato

**rīwai parai** fries, chips

**roa** tall (*of people*), long (*of objects*)

**roanga ake** length, duration
**rohe** area, region, boundary
**rohi** loaf
**rōia** lawyer
**rongo (-hia, rāngona)** hear
**rongonui** famous
**rōpū** team, group
**rōpū ako** form, class (*school*)
**rori** road, street
**roro** brain
**rorohiko** computer
**roto** in, inside
**roto** lake
**rou mamao** remote control (*device*)
**rua** two
**ruarua** few

**ruha** worn out (*materials*)
**rūma** room
**rūma ako** classroom
**rūma horoi kākahu** laundry
**rūma kai** dining room
**rūma kaukau** bathroom
**rūma moe** bedroom
**rūma noho** sitting/living room, lounge
**rumaki i te reo** total immersion
**runga** on, on top of, over, above
**runga** south
**rūpahu (-tia)** fib, lie
**rūri** ruler
**rūtene** lieutenant
**ruturutu** martial arts

**tā (-ia, -ngia)** to draw, print
**tā kōrua** your (*'the two of you'*) (*see table on page 89*)
**tā koutou** your (*'the three or more of you'*) (*see table on page 90*)
**tā mātou** our (*'us – me and the two or more of them'*) (*see table on page 90*)
**tā māua** our (*'us two – me and her/him'*) (*see table on page 89*)
**tā rātou** their (*'the three or more of them'*) (*see table on page 90*)
**tā rāua** their (*'the two of them'*) (*see table on page 89*)
**tā tātou** our (*'us – me and the two or more of you'*) (*see table on page 90*)
**tā tāua** our (*'us two – me and you'*) (*see table on page 89*)
**tae (-a)** arrive, get to
**tae atu ki** as far as
**tae noa ki tērā tau** until next year
**taea** can, able to

**taenga** arrival
**taetae (-a)** attend, go to
**taha (-ina)** pass, go on one side of; side
**tāhae (-tia)** to steal
**tahi** one (*when counting in sequence only*)
**tahi (-a)** sweep, clean
**tahi** together, at the same time, simultaneously
**tahitahi (-a)** sweep, clean
**tahu (-na)** grill, fry; light a fire
**tahuri (-tia, -hia)** start on, turn to
**taihoa** not yet, wait, hang on
**tāima** time
**taitama** youth, teenager
**taitamaiti** (*plural* **taitamariki**) teenager
**Tāite** Thursday
**taiwhenua** country (*as opposed to town*); rural
**taka** fall off
**taka porepore** gymnastics

**takakau** bachelor bread

**takakau** single, unmarried

**tākaro (-tia, -hia)** play (game, sport); game

**tākaro (-tia, -hia) ataata** play video/computer games; video/computer game

**tākaro hiko** electronic game (*handheld*)

**takawaenga** public relations officer

**takaware** slow, late

**take** matter, issue

**tākihi** (*dialect variation* **tēkihi**) taxi

**takiwā** district, area

**tākoko** shovel

**takoto** lie (down)

**taku** my (*see table on page 89*)

**tāku** my (*see table on page 89*)

**taku pōuri atu** sorry

**takurua** winter

**tākuta** doctor

**tama** son, boy

**tamāhine** daughter

**tamaiti** (*plural* **tamariki**) child

**tamaiti whāngai** foster child, adopted child

**tamariki** children

**tāna** her, his (*see table on page 89*)

**tana** her, his (*see table on page 89*)

**tāne** man, husband, male

**tangata** (*plural* **tāngata**) person

**tangata whenua** hosts, home people, people of the place

**tangi (-hia)** cry, weep; sound, ring (*of a phone*)

**tango (-hia)** take, take away, take out

**tao (-na)** cook (*in an oven*), roast

**taokete** brother-in-law (*of a man*) sister-in-law (*of a woman*)

**tāone** town, city

**taonga** treasured, prized, valuable

**taonga whakaata** television

**tapa whārangi** margin (*of a page*)

**tapahi (-a)** chop, cut

**tapatapahi (-a)** chop into pieces, cut into pieces

**tapawhā orite** square

**tāpoi** tourism

**taputapu** dishes, utensils

**tāra** dollar

**tarau** trousers, pants

**tarau tāngari** jeans

**tārawa** clothes line

**tari** office

**tari (-a)** take, bring, carry

**tari matua** head office

**Tari Toko i te Ora** Department of Social Welfare

**taringa** ear

**taro ake** shortly afterwards, in a little while

**tata** close, near (*time and place*)

**tata mai ki** close to

**tata rawa** closest, nearest

**tata tonu** suddenly

**tata tonu tāna huringa** suddenly he turned

**tatari (tāria)** wait

**tatau (tauria)** count

**tātou** we, us ('*you and I – more than two of us*')

**tau** settled, decided

**tau** sweetheart, darling

**tau** year

**tāu** your ('*you – one person*') (*see table on page 89*)

**taua** the, that (already mentioned)

**tāua** grandmother (*southern dialect*)

**tāua** we, us (*you and I – the two of us*)

**tauera (-tia)** (*dialect variation* **tauwera**) dry (*with a towel*); towel

**tauira** example, student, pupil

**taukuri e** alas

**taumaha** weight; heavy

**taumau (-tia)** become engaged

**taurima (-tia)** treat with care; foster child

**tautohetohe (-tia)** argue; debate, argument

**tautoko** I support that, I'm in favour of that

**tautoko (-na, -tia, -ngia)** support

**tautokotoko (-na, -tia, -ngia)** keep on supporting

**tāwāhi** overseas

**tawhiti** far, distant

**te** the (*singular*)

**te āhua nei** it looks like

**Te Awakairangi** Lower Hutt

**te maha hoki** a lot indeed

**te mutunga mai o …** really, exceptionally

**Te Ope Taua o Aotearoa** the New Zealand Army

**te pai kē** it's really good

**Te Papa-i-oea** Palmerston North

**Te Rerenga Wairua** the departing place of spirits

**Te Ūpoko o te Ika** Wellington (*The Head of the Fish*)

**Te Whanga-nui-a-Tara** Wellington

**Te Waipounamu** the South Island

**tēhea** which (*singular*)

**teihana** station

**teihana reo irirangi-ā-iwi** iwi radio station

**teina** (*dialect variation* **taina**) (*plural* **tēina, tāina**) younger brother (*of a male*), younger sister (*of a female*)

**teitei** tall

**tekau** ten

**tēnā** that (*near listener*)

**tēnā koa** well then

**tēnā koe** greetings (*to one person*)

**tēnā kōrua** greetings (*to two people*)

**tēnā koutou** greetings (*to three or more people*)

**tēnā pea** perhaps

**tēnā pea ka taea e tātou** perhaps we can

**tēnā, whakarongo mai** well (then), listen to me

**tēnehi** tennis

**tēnei** this (*by speaker*)

**tēnei rā** today

**tēpu** table

**tērā** that (*over there – away from speaker and listener*)

**tere** fast

**tētahi** (*dialect variation* **tētehi**) a, one (*of a group*)

**tētahi ki tētahi (atu)** one to another

**tī** tea

**tiakarete** chocolate

**tiaki (-na)** care for, look after

**tiaki tūroro** nurse

**tiamu** jam

**Tīhema** December

**tīhi** cheese

**tika** right, correct , true

**tikanga** meaning

**tikanga** custom, expected behaviour

**tikanga-ā-iwi** social studies

**tiketike** tall, high

**tiki (tīkina)** fetch, go and get

**tīkiti** ticket

**tīmata (-ria, -tia, -ngia)** start, begin

**tīmatanga** start, beginning

**tina** evening meal, dinner

**tinana** body

**tini** many, lots of

**tīni (-hia, -ngia)** change

**tino** best, really good, very, favourite

**tioka** chalk

**tipu (-ria)** (*dialect variation* **tupu (-ria)**) grow

**tirāwhe** giraffe

**tiriti** street

**tirohanga** view

**tirotiro tūpāpaku** autopsy

**titi (-a)** to peg

**tītipi** chips

**titiro (tirohia)** look (at)

**tō** your (*singular*) (*see table on page 89*)

**tō** stove

**tō haumāori** gas stove

**tō hiko** electric stove

**tō kōrua** your ('*the two of you*') (*see table on page 89*)

**tō koutou** your ('*the three or more of you*') (*see table on page 90*)

**tō mātou** our (*'us – me and the two or more of them'*) (*see table on page 90*)

**tō māua** our (*'us two – me and her/him'*) (*see table on page 89*)

**tō pōturi hoki** how slow you are

**tō rātou** their (*'the three or more of them'*) (*see table on page 90*)

**tō rāua** their (*'the two of them'*) (*see table on page 89*)

**tō tātou** our (*'us – me and the two or more of you'*) (*see table on page 90*)

**tō tāua** our (*'us two – me and you'*) (*see table on page 89*)

**tō tonotono hoki** how bossy you are

**toa** champion; best at …

**toa** brave, courageous

**toa** store, shop

**toa ataata** video shop

**toa hoko parāoa wera** hot bread shop

**toa hokomaha** supermarket

**toa taonga hiko** electrical (goods) store

**toe (-a)** remain, be left over

**toenga** remainder, rest

**tōhi (-a)** toast

**tohu (-a)** point to, point at, indicate

**tohu mātauranga** degree (*qualification*)

**tohutohu (-tia)** instruct, advise; advice

**toi (*normally plural*)** art, arts

**tōkena** socks, stockings

**toko-** *prefix used for counting people*

**tokohia** how many (*people*)

**tokomaha** many (*people*)

**tokorua** pair, couple

**tōku** my (*see table on page 89*)

**tōmato** tomato

**tōmuri** late

**tōna** her/his (*see table on page 89*)

**tonotono** bossy

**tonu** still, yet

**tonga** south

**tōnga (o te rā)** sunset

**tōpito** end

**toro (-na)** stretch out, extend

**toru** three

**torutoru** few

**tote** salt

**tōtiti** sausage

**toto** bleed; blood

**tōu** your (*one person*)(*see table on page 89*)

**tū (-ria)** stand, remain

**tū māia** confident

**tua-** *prefix used to count position, e.g.* **tuatahi** first, **tuarima** fifth

**tua** beyond, on the other side of

**tuahine** (*plural* **tuāhine**) sister, female cousin (*of a male*)

**tūai** thin

**tuakana** (*plural* **tuākana**) older brother (*of a male*), older sister (*of a female*)

**tuakiri** identity

**tuanaki** calculus

**tuanui** roof

**tuarā** back

**tūhono** coalition

**tuku (-a, -na)** let, allow

**tuku iho** handed down, inherited

**tūmanako** hope, expectation, aspiration

**tumeke** astonished

**tūmere** chimney

**tumuaki** principal (*of a school*)

**tūnga** position, job

**tūnga pahi** bus stop

**tungāne** brother, male cousin (*of a female*)

**tuohu (-tia)** stoop

**tūpapa** (kitchen) bench

**tūpato** careful

**tupu** genuine, real

**tūpuhi** thin

**tupuna** (*dialect variation* **tipuna**) (*plural* **tūpuna**, **tīpuna**) grandfather, grandmother, grandparent, ancestor

**tūranga** position, job

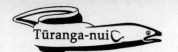 

**Tūranga-nui-a-Kiwa** Gisborne
**tūrangawaewae** home (marae)
**ture** law
**Tūrei** Tuesday
**tūreiti** late

**turi** knee
**tūru** chair, stool
**tūtaki (-na)** to meet
**tūturu** fixed, permanent, real, original; really, surely

**ū** strong, committed, steadfast
**ua** rain
**uaua** difficulty; difficult
**uhimoenga** bedspread
**ui (-a)** ask
**uma** chest, breast
**ūmere (-tia)** shout, applaud, cheer
**umu** oven

**ūpoko** head
**uri** descendant
**uru (-a)** enter, go into
**uru ki roto** enrol
**urunga** pillow
**utu** pay (for); payment, price
**utu-ā-haora** wages

**wā** time, occasion, season
**wā akoranga** study time
**waea (-tia)** make a phone call; phone call
**waenganui** between, among, in the middle of
**waenganui pō** midnight
**waewae** leg, foot
**waha** mouth
**wāhanga** part, section, chapter
**wāhi** place
**wāhi tākaro ataata** video games parlour
**wāhikai** cafeteria
**wahine** (*plural* **wāhine**) woman, wife, female
**waho** out, outside
**wai** water
**wai** who, whom
**waia** used to
**waiata (-tia)** sing; song
**waiata-ā-ringa** action song

**waiho (-tia)** leave, leave behind
**waiho mā ...** leave it for ...
**waihonga** fruit juice
**waimarie** fortunate; fortunately
**waipiro** alcohol
**waipuke (-tia)** flood; (a) flood
**waiputa** downpipe, drainpipe
**waireka** soft drink, cordial
**waka** canoe
**waka kākahu** chest of drawers
**waka rererangi** aeroplane
**waka tūpāpaku** coffin
**wareware (-tia)** forget
**waru** eight
**waru (-a, -tia)** peel, scrape
**wātaka** timetable
**wātea** free , available
**wati** watch (*timepiece*)

wawata (-tia) dream, hope, yearn; yearning
wawe soon
wehe (-a, -ngia) leave (from), depart
wehe tūturu divorce

Wenerei Wednesday
wera heat; hot, burnt
wiki week

# WH

whā four
whaea mother, mum
whaea kēkē aunt
whāereere sow, mother pig
whai have, possess
whai (whāia) take, study (a subject), chase, pursue
whai hua fruitful, beneficial
whai mahi have work, have a job
whai wāhi ... ki have an opportunity to, involved in
whaiāipo fall in love, court
whaikōrero (-tia, -hia) make a formal speech
whaka- *prefix meaning to cause or make something happen (see page 103)*
whakaae (-tia –hia) agree
whakaahua picture, image
whakaako (-na, -tia, -ngia) teach
whakaakoranga lesson
whakaaro (-tia, -hia, -ngia) think; thought, decision, plan
whakaata mirror
whakaatu (-ria, -hia) show
whakaaturanga television programme
whakahaere (-a, -tia) drive, organise; organisation
whakahaere whakangungu training scheme
whakahau (-tia, -hia) encourage
whakaheke ngaru surfing
whakahīhī proud
whakahoki (-a, -ngia) return (*something*), put back, take home, reply
whakahū keep silent, remain silent

whakahua (-ina) mention
whakaingoa (-tia) name
whakakatakata (-ina) make laugh
whakakī (-a) fill, fill up
whakakorikori tinana exercise; physical education
whakakotahitanga unity, coalition
whakamahana (-tia) warm up, make warm
whakamāngere (-tia) make ... lazy
whakamārama (-tia) explain; explanation
whakamaroke (-tia, -ngia) dry (*something*)
whakamātau (-ria) study
whakamate (-a) kill (*someone*)
whakamau (-a) kākahu put on clothes
whakamōhio (-tia) let ... know, inform
whakamutu (-a) cease, give up, finish
whakamutu atu don't, stop that, that's enough
whakamutunga last
whakangā rest
whakangahau (-tia) amuse, entertain
whakaongaonga exciting
whakaoti (-hia, -ngia) complete, finish
whakapā (-ngia) touch
whakapai (-ngia, -tia) bless, clean up, repair, fix up
whakapakari (-tia, -hia) train, mature, develop
whakapapa genealogy, family tree
whakapau (-hia) use up, consume
whakapuaki (-na) utter, disclose, say
whakarārangi (-tia) list
whakararo down, downwards

whakareri (-tia) prepare, get ready

whakarongo (-na) listen

whakataetae (-tia) compete; competition

whakatakoto (-ria) to lie ... down

whakatata (-hia, -tia) approach, draw near

whakatau (-ria, -hia) decide; decision

whakataukī proverb, saying

whakatika (-ina) straighten up, tidy

whakatipu (-ria, -tia) bring up, rear (of children)

whakatōhi toaster

whakatōhi hanawiti toasted-sandwich maker

whakatoi cheeky

whakatupu (-ria, -tia) bring up, rear (of children)

whakawera (-tia, -hia) heat up

whakawhata (-hia) hang (out/up)

whakawhitiwhiti kōrero discuss; exchange of ideas, discussions

whana (-ia) kick

whānau (-tia) be born; family

whanaunga relations (general, including through marriage)

whanaungatanga relationship

whānautanga birth

whāngai foster child

whāngai (-a, -hia, -tia) feed, foster, look after, care for; foster child, adopted child

whānui broad, wide

whare house

whare kurī kennel

Whare Parehe Pizza Hut

whare patu mīti, ngā freezing works, abattoir

whare tākaro ataata video games parlour

whare wānanga university

Whare Wānanga o Wikitoria, Te Victoria University

Wharekāhika Hicks Bay

wharekai restaurant

wharenui meeting house

whāriki carpet

whāriki tēpu table cloth

whatu eye

whātui (-a) fold (clothes)

whea where

whenua land

whero red

Whiringa-ā-nuku October

Whiringa-ā-rangi November

whiriwhiri (-a) choose

whiti (-a, -kia) shine (of the sun)

whitiwhiti whakaaro discuss, exchange ideas

whitu seven

whiu (-a) drive, throw; shot, go (in a game)

whiuwhiu (-a) juggle

whiwhi get, acquire, have, receive

whiwhi mahi get a job, be employed

whutupōro football, rugby

whutupōro whakapā touch rugby

# DICTIONARY

# ENGLISH-MĀORI

**a, an** he, (*specific one*) tētahi (*dialect variation* tētehi)

**a lot indeed** te maha hoki

**abattoir** (ngā) whare patu mīti

**ability** pūmanawa

**able to** taea

**about – be about to** kua tata … te …

**about** e pā ana

**about** mō (*see table on page 92*)

**about her/him** mōna (*see table on page 92*)

**about me** mōku (*see table on page 92*)

**about you** (*one person*) mōu (*see table on page 92*)

**above** runga

**abundant** huhua

**accompany** haere tahi

**according to** ki

**accounting** mahi kaute

**accounts clerk** kaituhi kaute

**acquire** whiwhi

**action song** waiata-ā-ringa

**add** hoatu

**adopted child** whāngai, tamaiti whāngai

**adult** pakeke

**advertisement** pānuitanga

**advice** tohutohu

**advise** tohutohu (-tia)

**aerial** pou irirangi

**aeroplane** waka rererangi

**aflame** papahū

**afraid** mataku

**after** i muri (mai)

**after a while** nāwai, nāwai i roa

**afternoon** ahiahi

**afterwards** i muri (mai) (*in the past*), ā muri (*in the future*)

**again** anō

**ago** ki mua

**agree – I agree** kia ora, koinā, tautoko

**agree – we all agree with that** ko tātou katoa kei tēnā

**agree** whakaae (-tia)

**agriculture** ahuwhenua

**aid** āwhina (-tia)

**alas** taukuri e

**alcohol** waipiro

**alive** ora

**all** katoa

**All Black** Mangu Katoa

**all gone** pau

**allow** tuku (-a, -na)

**alone** anake

**along** i

**already** kē

**also** hoki

**although** ahakoa

**always** i ngā wā katoa

**amaze** miharo (-tia)

**amazing** mīharo

**among** waenganui

**amuse** whakangahau (-tia)

**ancestor** tupuna (*dialect variation* tipuna) (*plural* tūpuna, tīpuna)

**and** me, rāua ko (*joining two people's names*), rātou ko (*joining three or more people's names*), mā (*joining numerals*), ā (*joining a series of actions together*)

**angry** riri

**animal** kararehe

**anxious** āwangawanga (-tia)

**appear** puta mai

**appearance** āhua

**applaud** pakipaki (-tia, -ngia), ūmere (-tia)

**apple** āporo

**approach** whakatata (-hia, -tia)

**April** Aperira, Paenga-whāwhā
**area** rohe, takiwā
**Argentina** Āketina
**argue** tautohetohe (-tia)
**argument** tautohetohe
**arrival** taenga
**arrive** tae (-a)
**art** (ngā) toi (*normally plural*)
**as (a)** hei
**as far as** tae atu ki
**as well** hoki
**ask** pātai (-hia, -tia)
**ask** ui (-a)
**ask (a series of) questions** patapatai (-tia)
**ask (lots of) questions** pātaitai (-tia)
**aspect** āhuatanga

**aspiration** tūmanako
**assist** āwhina (-tia)
**astonished** tumeke
**at** i (*marks location in the past*)
**at** ki
**at the same time** tahi
**athletics** kaiaka
**attend** taetae (-a)
**attractive** purotu
**August** Here-turi-kōkā, Akuhata
**aunt** mātua kēkē
**author** kaituhi
**autopsy** tirotiro tūpāpaku
**autumn** ngahuru
**available** wātea

**baby** pēpi
**bachelor bread** takakau
**back** tuarā
**backside** (*body*) kumu
**bad** kino
**bag** pēke
**ball** pōro
**banana** panana
**bank** pēke
**baseball** poiuka
**basket** pūtea
**basketball** poi tūkohu
**bath** kaumanga
**bathroom** rūma kaukau
**be** (*command*) kia
**beach** one
**bear** (*animal*) pea
**beautiful** ātaahua
**because** nō/nā te mea

**bed** moenga
**bedroom** rūma moe
**bedspread** uhimoenga
**beef** mīti kau
**before** mua
**before midday** ā mua i te poupoutanga o te rā
**begin** tīmata (-ria, -tia, -ngia)
**beginning** tīmatanga
**behaviour – expected behaviour** tikanga
**behind** muri
**behind** (*body*) kumu
**bell** pere
**belly** puku
**belonging to** a, o, nā, nō (*see tables on pages 89-92 for guide on usage*)
**below** raro
**below – from below** ake
**bench** (*kitchen*) tūpapa
**beneficial** whai hua

benefit hua

besides hāunga

best tino

best at toa

between waenganui

beyond tua

bicycle paihikara (*dialect variation* pahikara)

big nui, rahi

billiards piriota

bin ipu

biology mātauranga koiora

bird manu

birth whānautanga

birthday rā huritau

biscuit pihikete

black pango (*inanimate things*), mangu (*living things*)

blackberry parakipere

blackboard papa tuhituhi

blanket paraikete

bleed toto

bless whakapai (-ngia, -tia)

blind kāpō

blood toto

blow pupuhi (pūhia)

blue kahurangi, kikorangi

boat poti

body tinana

boil koropupū

bold māia

book pukapuka

born – be born whānau (-tia)

bossy tonotono

bottom (*body*) kumu

boundary rohe

bowl pīrori (-a, -tia)

bowls (*sport*) maita

box pouaka

boy tama

brain roro

brave māia, toa

bread parāoa

break down pakaru

breakfast parakuihi

breast poho, uma

bring hari (-a), tari (-a), kawe (-a)

bring up (children) whakatipu (-ria, -tia), whakatupu (-ria, -tia)

broad whānui

broken pakaru

broom puruma

brother (*of a male*) (*older*) tuakana (*plural* tuākana), (*younger*) teina (*dialect variation* taina) (*plural* tēina, tāina)

brother (*of a female*) tungāne

brother-in-law (*of a male*) taokete, (*of a female*) autāne

brown parauri

bucket ipu

burnt wera

burst into flames papahū

bus pahi

bus route ara pahi

bus stop tūnga pahi

bush ngahere

but engari, heoi, kē, otirā

butter pata

buy hoko (-na) mai

by i (*location in past*), kei (*location in present*)

by means of (*transport*) mā runga

cabbage  kāpeti

cafeteria  wāhikai

calculus  tuanaki

calendar  maramataka

call  karanga (-tia, -hia)

camp  hopuni

can  taea

can (*noun*)  kēne

cancer  mate ngau

candy  rare

canoe  waka

car  motokā

cardiac arrest  manawa-hē

care for  tiaki (-na), whāngai (-a, -hia, -tia), taurima (-tia)

careful  tūpato

carpenter  kāmura

carpet  whāriki, kāpeti

carrot  kāreti

carry  hari (-a), tari (-a), kawe (-a)

cat  ngeru

cease  whakamutu (-a)

celery  herewī

cent  heneti

cereal  pata kai

chair  tūru

chalk  tioka

champion  toa

change  huri (-hia)

change (*clothes*)  tīni (-hia, -ngia)

changing world  ao hurihuri

channel (*television*)  hongere

chapter  wāhanga

chase  whai (-a)

cheeky  whakatoi

cheer  ūmere (-tia)

cheese  tīhi

chemist (*pharmacist*)  kaitaka rongoā

chemistry  mātauranga matū

cherish  awhiawhi (-tia)

chest  poho, uma

chest of drawers  waka kākahu

chicken (meat)  mīti heihei

child  tamaiti (*plural* tamariki)

chilli (pepper)  hirikakā

chimney  tūmere

China  Haina

Chinese  Hainamana

chips  rīwai parai, tītipi

chips (potato crisps)  maramara rīwai

cholesterol  ngakototo

chocolate  tiakarete

choose  whiriwhiri (-a)

chop  tapahi (-a)

chop into pieces  tapatapahi (-a)

chutney  kīnaki

circumstance  āhuatanga

city  tāone

clap  pakipaki (-tia, -ngia)

class (*school*)  rōpū ako

classroom  rūma ako

clean  horoi (-a, -ngia)

clean  mā

clean  tahi (-a), tahitahi (-a), (*floors etc*) puruma (-tia)

clean up  whakapai (-ngia, -tia)

clear – I'm not clear about ...  kāore au i te mārama ki ...

clever  mōhio

climb  piki (-a, -tia)

climb down  heke (-a, -tia, -ngia)

climb up  eke (-a)

clock  karaka

close (*near*)  tata

close to  tata mai ki

closest  tata rawa

clothes  kākahu

clothes dryer  pūrere whakamaroke kākahu

clothes line  tārawa

cloud  kapua

coach (*of sports team etc*)  kaiwhakaako

coalition  tūhono, whakakotahitanga

coat  koti

coffee  kawhe

coffin  waka tūpāpaku, kāwhena

cold (*of food*)  mātao

cold (*weather, feeling cold*)  makariri

collect  kohi(-a)

college  kāreti

comb  koma

come  haere mai (*dialect variation* haramai)

come down  heke (-a, -tia, -ngia)

come here  haere mai

come out  puta mai

comedy (*film*)  pikitia whakakatakata

comfortable  āhuru

coming  haerenga

committed  ū

committee  komiti

company  kamupene

compete  whakataetae (-tia)

competition  whakataetae

complain  amuamu (-tia)

complete (*adjective*)  katoa

complete  whakaoti (-hia, ngia)

completed  oti

completely  katoa

complex (*adjective*)  matatini

computer  rorohiko

computer game  tākaro ataata

concern (*problem*)  raruraru

concerned – as far as I'm concerned  ki a au nei

concerning  e pā ana ki …

conclusion  mutunga

concrete  rāima

confident  māia, tū māia

confused  pōraru

congratulations  kia ora

connection  hononga

consume  whakapau (-hia)

consumed  pau

container  ipu

cook  tao (-na)

cooked  maoa (*dialect variation* maoka)

cool  hauangi

cordial (*drink*)  waireka

coroner  kaiwhakawā o te kōti mō ngā tūpāpaku

correct  tika

correct – that's correct  ka tika tēnā

correct – you're correct  he tika tāu

council  kaunihera

count  tatau

country (*as opposed to town*)  taiwhenua

couple  tokorua

courageous  toa

course  kura

court (*of law*)  kōti

cousin (*female of a female, male of a male*) (*older*) tuakana (*plural* tuākana), (*younger*) teina (*dialect variation* taina) (*plural* tēina, tāina)

cousin (*female of a male*) tuahine (*plural* tuāhine)

cousin (*male of a female*) tungāne

crash helmet  pōtae mārō

creation  hanganga

creative  auaha

cricket (*sport*)  kirikiti

crowd  hunga

cry  tangi (-hia)

culture  ahurea

cup of tea  kapu tī

cupboard  kāpata

custom **custom**

dream **dream**

**custom** tikanga

**cut** tapahi (-a)

**cut into pieces** tapatapahi (-a)

**cycle** eke (-a) pahikara

**dad** pāpā

**darling** tau

**daughter** hine, kōtiro, tamāhine

**dawn** atatū

**day** awatea, rā, rangi

**daylight** awatea

**dead** mate

**death** matenga

**debate** tautohetohe (-tia)

**December** Hakihea, Tīhema

**decide** whakatau (-ria, -hia)

**decided** tau

**decision** whakaaro, whakatau

**degree** (*qualification*) tohu mātauranga

**delicious** reka

**depart** wehe (-a, -ngia)

**departing place of spirits** Te Rerenga Wairua

**Department of Social Welfare** Tari Toko i te Ora

**descend** heke (-a, -tia, -ngia)

**descendant** uri

**design** hoahoa (-tia)

**desire** pīrangi (-tia)

**despite** ahakoa

**develop** (*train*) whakapakari (-hia, -tia)

**die** mate, hemo

**die** (*a number of deaths ocurring at different times*) matemate

**different** rerekē

**difficult** uaua

**difficulty** uaua

**dining room** rūma kai

**dinner** kai ahiahi

**dinosaur** moko tuauri

**dirty** paru

**disappear** ngaro

**disappointed** ngere

**disclose** whakapuaki (-na)

**discover** kite (-a)

**discuss** kōrerorero (-tia), whakawhitiwhiti kōrero, whitiwhiti whakaaro

**discussions** whakawhitiwhiti kōrero

**dish** pereti

**dish rack** rerewai

**dishes** taputapu

**dishwasher** pūrere horoi pereti

**distant** tawhiti

**district** takiwā

**district council** kaunihera-ā-rohe

**divorce** wehe tūturu

**dizzy** ānini

**do** mahi (-a, -tia, -ngia)

**doctor** tākuta

**dog** kurī

**dollar** tāra

**don't (do that)** whakamutu atu

**don't** (*plus verb*) kaua e …

**door** kūaha (*dialect variation* kūwaha)

**doorway** kūaha (*dialect variation* kūwaha)

**doubtless** kāore e kore

**down** iho, whakararo

**downpipe** waiputa

**downwards** iho, whakararo

**draining rack** rerewai

**drainpipe** waiputa

**draw** tā (-ia, -ngia)

**draw near** whakatata (-hia, -tia)

**dream** wawata (-tia)

**dress** kaka, kākahu

**drink** inu (-mia)

**drive** (*a vehicle*) whakahaere (-a, -tia)

**drive** (*an animal*) whiu (-a)

**drop** (*verb*) makere

**dry** maroke

**dry** (*something*) whakamaroke (-tia, -ngia),
(*with a towel*) tauera (-tia) (*dialect
variation* tauwera*)

**Dunedin** Ōtepoti

**duration** roanga ake

**each** ia …, ia …

**eager** kaikā

**ear** taringa

**early** (*in the morning*) moata

**Easter** Aranga

**easy** māmā, ngāwari

**eat** kai (-nga)

**eat fast** kaihoro

**eat lunch** kai tina

**economics** ohaoha

**egg** hēki

**eight** waru

**elder** (*male or female – term of respect*)
kaumātua

**eldest** (*brother, sister*) kauaemua

**eldest** (*child in family, firstborn*) mātāmua

**electric stove** tō hiko

**electrical (goods) shop** toa taonga hiko

**electronic game** (*handheld*) tākaro hiko

**elephant** arewhana

**elevator** ararewa

**embrace** awhi (-tia)

**employed** whiwhi mahi

**employer** kaituku mahi

**encourage** whakahau (-tia, -hia)

**end** tōpito, mutunga

**ended** mutu, oti

**energetic** kaha

**engaged – become engaged** taumau (-tia)

**engineer** kaipūkaha

**English (language)** reo Ingarihi, reo o tauiwi,
reo Pākehā

**enjoyable** pārekareka

**enough** nui

**enough – there is/are enough** he nui

**enough of that** kāti

**enrol** uru ki roto

**enter** uru (-a), kuhu (-na, -tia, -ngia)

**entertain** whakangahau (-tia)

**entertainer** kaiwhakangahau

**eraser** muku

**evening** ahiahi, ahiahi pō

**evening meal** kai ahiahi

**event** āhuatanga

**every** katoa

**example** tauira

**excellent** (*exclamation*) ka rawe hoki

**excellent** rawe

**exceptionally** te mutunga mai o …

**exchange ideas** whitiwhiti whakaaro

**excited** nanawe

**exciting** whakaongaonga

**exercise** whakakorikori tinana

**exhausted** kua pau te hau

**expectation** tūmanako

**explain** whakamārama (-tia)

**explanation** whakamārama

**explorer** kaihōpara

**extend** toro (-na)

**eye** karu, whatu

**face** kanohi, mata

**fairly** hanga, āhua

**fall (over)** hinga

**fall in love** whaiāipo

**fall off** taka

**family** whānau

**family tree** whakapapa

**famous** rongonui

**far** tawhiti

**far side** (*of a distant object or place*) kō atu

**farm** pāmu

**farmer** kaiahuwhenua

**farming** ahuwhenua

**fast** tere

**fat** (*noun*) hinu

**fat** (*adjective*) mōmona

**father** pāpā, matua (*plural* mātua)

**father-in-law** hungarei

**favour – I'm in favour of that** tautoko

**favoured** makau

**favourite** (*noun*) makau

**favourite** (*adjective*) tino

**February** Hui-tanguru, Pepuere

**feel love (for)** aroha (-ina) (ki)

**fees** nama

**female** wahine (*plural* wāhine)

**fetch** tiki (tīkina)

**few – only a few** he ruarua noa iho

**few** ruarua, torutoru

**fib** rūpahu (-tia)

**fill (up)** whakakī (-a)

**find** kite (-a)

**fine** pai

**fine** (*of weather*) paki

**finger** matihao

**fingernail** maikuku

**finish** whakamutu (-a)

**finish** whakaoti (-hia, -ngia)

**finished** mutu, oti

**firm** mārō, ita

**first time – for the first time** kātahi anō … ka …

**firstborn** mātāmua

**fish** (*with a net*) hao (-na), (*with a line*) hī (-a)

**fish** ika

**fit into** ō ki roto

**five** rima

**fix up** whakapai (-ngia, -tia)

**fixed** tūturu, ita

**flood** waipuke (-tia); (*noun*) waipuke

**floor** papa

**flounder** (*fish*) pātiki

**flower** putiputi

**fly** rere (rērea)

**fold** whātui (-a)

**food** kai

**food technology** hangarau kai

**foot** waewae

**foot – by/on foot** mā raro

**football** whutupōro

**for** (*as*) hei

**for (me/you/her/him …)** mā, mō (*see table on page 92 for guide on usage*)

**forehead** rae

**forest** ngahere

**forget** wareware (-tia)

**fork** paoka

**form** (*shape*) āhua

**form** (*school*) pae, reanga, rōpū ako

**former** o mua

**fortunate** waimarie

**fortunately** waimarie

**forward** (*position in team sports*) kauaro

**foster** whāngai (-a, -hia, -tia), taurima (-tia)

**foster child** whāngai, tamaiti whāngai, taurima

**four** whā

**fragrance** kakara

**free** (*available*) wātea

**free** (*of cost*) kore utu, kāore he utu

**freezing works** (ngā) whare patu mīti

**Friday** Paraire, Rāmere

**friend** hoa

**fries** rīwai parai

**frock** kaka, kākahu

**from** i

**from ... to/until** mai i ... tae noa ki

**from above** iho

**fruit** hua, hua rākau

**fruit juice** waihonga

**fruit tree** rākau hua

**fruitful** whai hua

**fry** tahu (-na)

**full** katoa

**full** (*stomach*) mākona

**funeral director** kaiwhakarite uhunga

**future – in the future** ā muri ake nei

**game** hākinakina, tākaro

**garden** māra

**gas** hau

**gas stove** tō haumāori

**gate** kēti

**gather** (*meet*) hui (-a)

**gather** (*collect*) kohi (-a)

**gathering** hui

**genealogy** whakapapa

**gentle** ngāwari

**genuine** tupu

**geography** mātai matawhenua

**get** (*fetch*) tiki (tīkina)

**get** (*acquire*) whiwhi

**get a job** whiwhi mahi

**get into** (*a vehicle*) eke (-a)

**get ready** whakareri (-tia)

**get to** tae (-a)

**giddy** ānini

**giraffe** tirāwhe

**girl** hine, kōtiro

**Gisborne** Tūranga-nui-a-Kiwa

**give** (*away from the speaker*) hoatu

**give** (*towards speaker*) hōmai

**give up** whakamutu (-a)

**glad** hari, koa

**gladness** hari, koa

**glutton** kaihoro

**go** haere (-a, -tia, -ngia)

**go** (*turn in a game*) whiu

**go ahead, (you)** (*said when speaker will follow after*) hoatu

**go back** hoki (-a)

**go into** kuhu (-na, -tia, -ngia), uru (-a)

**go on one side of** taha (-ina)

**go with** haere tahi

**goal keep** (*netball*) kati ūhanga

**goal shoot** (*netball*) kuru ūhanga

**golf** haupōro

**good** pai

**good at** kaha

**good – (someone/something) is really good** ka mau te pai o ...

**good – it's really good** te pai kē

**good – you're really good at it** ka kino tō pai

**good evening** ngā mihi o te pō

**goodbye** (*to a person going*) haere rā

**goodbye** (*to a person staying*) e noho rā, noho mai rā, hei konei rā

**goodbye** (*to a person staying, used in letters and phone calls*) hei konā rā

**good-looking** ātaahua

**goods** rawa

**government** kāwanatanga

**grab** kapo (-hia)

**grain** pata

**grandchild** mokopuna

**grandfather** tupuna (*dialect variation* tipuna) (*plural* tūpuna, tīpuna), poua (*Southern dialect*)

**grandmother** tupuna (*dialect variation* tipuna) (*plural* tūpuna, tīpuna), kuia, tāua (*Southern dialect*)

**grandparent** tupuna (*dialect variation* tipuna) (*plural* tūpuna, tīpuna)

**grass** pātītī

**great** (*exclamation*) ka rawe hoki

**greet** mihi (-a)

**greet** (*with a hongi*) hongi

**greetings** mihi

**greetings** (*hello*) (*informal*) kia ora, (*to one person*) tēnā koe, (*to two people*) tēnā kōrua, (*to three or more people*) tēnā koutou

**grill** tahu (-na)

**group** hunga, rōpū, ope

**grow** tipu (-ria), (*dialect variation* tupu (-ria))

**grown-up** pakeke

**grumble** amuamu (-tia)

**guest** manuhiri

**guttering** rere tuanui

**gymnastics** taka porepore

**hair** huruhuru, makawe

**half past** (*the hour*) haurua mai i, hāwhe pāhi i

**hall** hōro

**hamburger** hamipēka

**hand** ringa, ringaringa

**hand basin** oko horoi

**handed down** tuku iho

**handsome** purotu

**hang (out/up)** whakawhata (-hia)

**hang on** (*wait*) taihoa

**happening** āhuatanga

**happiness** hari, koa

**happy** hari, koa

**hard** mārō

**hard hat** pōtae mārō

**hardworking** pukumahi

**hat** pōtae

**have** (*in one's possession*) whai (-a)

**have** (*got possession of, acquired*) whiwhi

**he** ia

**head** māhunga, matenga, ūpoko

**head office** tari matua

**health** hauora, ora

**hear** rongo (-hia; rāngona)

**heard – (according to) what I've heard** ki taku rongo

**heart attack** manawa-hē

**heat up** whakawera (-tia, -hia)

**heater** kare

**heavy** taumaha

**helicopter** rererangi pōwaiwai

**hello** kia ora

**help** āwhina (-tia)

**her** (*pronoun*) ia

**her** (*possessive pronoun*) tana (*plural* ana), tāna (*plural* āna), tōna (*plural* ōna), nāna, nōna (*see table on page 89 for guide on usage*)

**here – ... is/are here** konei (*by speaker*)

**here (it is)** (*by speaker*) anei
**Hicks Bay** Wharekāhika
**high** teitei, tiketike
**high school** kura teitei
**hill** puke
**him** ia
**his** tana (*plural* ana), tāna (*plural* āna), tōna (*plural* ōna), nāna, nōna (*see table on page 89 for guide on usage*)
**history** kōrero o mua, kōrero o neherā (*normally plural*)
**hit** paki (-a, -tia)
**hockey** hōki
**hold** pupuri (puritia)
**hold onto** mau ki
**holiday** hararei
**home** kāinga (*dialect variation* kāenga)
**home (marae)** tūrangawaewae
**home (that you were brought up in)** papa kāinga
**home people** iwi kāinga, tangata whenua
**home place** haukāinga
**homework** mahi kāinga
**honey** miere
**Hong Kong** Hongipua

**hooker** (*rugby*) kaikape
**hope** tūmanako (-hia), wawata (-tia)
**horse** hōiho
**hose** ngongowai
**hospital** hōhipere
**hosts** tangata whenua, iwi kāinga
**hot** wera
**hot bread shop** toa hoko parāoa wera
**hour** karaka, haora
**house** whare
**how** pēhea
**how is/are ...** e pēhea ana ..., kei te pēhea ...
**how many** e hia (*dialect variation* e whia)
**how many (do you want)** kia hia
**how many** (*people*) tokohia
**how sad** aroha ana
**however** heoi
**hug** awhi (-tia)
**hundred** rau
**hungry** hiakai, matekai, mate i te kai
**Huntly** Rāhui-pōkeka
**husband** hoa rangatira, tāne
**hymn** hīmene

**I** ahau, au
**ice-cream** aihikirīmi
**identity** tuakiri
**if** ki te ...
**image** whakaahua
**important** nui
**in** roto
**in a little while** taro ake
**in a minute** āianei nā, anāianei, āinei
**in case** kei
**in due course** nāwai

**in front of** mua
**in its own time** ā tōna wā
**in order** nahanaha
**in the middle of** waenganui
**in the past** i ngā rā o mua
**in time** ā tōna wā
**incantation** karakia
**indicate** tohu (-a)
**industrious** pukumahi
**inform** whakamōhio (-tia)
**inherited** tuku iho

**innovative** auaha
**inquire** pātaitai (-tia)
**inside** roto
**instead** kē
**instruct** tohutohu (-tia)

**interested (in)** aro (-hia, -tia, -ngia) (ki)
**involved in** whai wāhi … ki
**island** motu (*close to mainland*), moutere (*not close to mainland*)
**issue** take

**jam** tiamu
**January** Hānuere, Kohi-tātea
**Japanese** Hapanihi
**jaw** kauae, kauwae
**jealous** harawene
**jeans** tarau tāngari
**jet plane** rererangi pūkaha hū
**job – have a job** whai mahi
**job** mahi, tūnga, tūranga

**joy** hari, koa
**judge** kaiwhakawā
**juggle** whiuwhiu (-a)
**July** Hōngongoi, Hūrae
**jump** peke (-a)
**June** Hune, Pipiri
**junk food** kai paraurehe
**just** kātahi anō … ka …

**keen** kaikā
**keen (on)** ngākaunui (ki)
**keep on supporting** tautokotoko (-na, -tia, -ngia)
**keep silent** whakahū
**keep to …** (*command*) kia mau ki …
**kennel** whare kurī
**kick** whana (-ia)
**kill** whakamate (a)
**kind** (*noun*) momo
**kind** (*adjective*) ngāwari

**kitchen** kīhini
**kitten** punua ngeru
**kiwifruit** hua kiwi
**knee** turi, pona
**knife** naihi
**know – as far as I know** ki tōku mōhio
**know – I don't know** aua hoki, kāore au e mōhio
**know** mōhio (-tia)
**know straightaway** mōhio tonu
**knowledgeable** mātau

# L

ladder arawhata

lake roto

land whenua

language reo

language nest (*early childhood centre for Māori language immersion*) kōhanga reo

large nui, rahi

last (*relating to time*) i tērā

last (*noun, adjective*) whakamutunga

last child (*in a family*) pōtiki

last night i napō, i tērā pō

last year i tērā tau, i te tau kua taha ake

late takaware, tūreiti, tōmuri

laugh kata

laugh – make laugh whakakatakata (-ina)

laugh (*repeatedly*) katakata (-ina)

laughter – with laughter me te kata

laundry (*room*) rūma horoi kākahu

laundry basket pūtea kākahu

law ture

lawyer rōia

leaf rau

league (*rugby*) rīki

learn ako (ākona, akotia, akongia)

leave waiho (-tia)

leave (from) wehe (-a, -ngia)

leave behind waiho (-tia)

leave it for ... waiho mā

left (hand) maui

left over toe (-a)

leg waewae

length (of time) roanga ake

leotard kahupiri

lesson whakaakoranga

lest kei

let tuku (-a, -na)

let it be me he ...

let ... know whakamōhio (-tia)

lettuce rētihi

level (*noun*) pae, reanga

lie (down) takoto (-ria)

lie (*tell a lie*) rūpahu (-tia)

lie ... down whakatakoto (-ria)

lie in a heap pū

lieutenant rūtene

life jacket kahu kautere

lift ararewa

lift up hiki (-tia)

lifting hikinga

light (*adjective*) māmā

light (a fire) tahu (-na)

like – ... don't/doesn't like kāore ... e pai ki ...

like – don't be like that kaua e pēnā

like – I like ... he pai ki a au ...

like – it looks like te āhua nei

like – just like rite tonu

lion raiona

list – make a list whakarārangi (-tia)

list rārangi

listen whakarongo (-na)

live noho (-ia)

lively ngahau

living room rūma noho

loaf rohi

loan (*money*) pūtea taurewa

local people iwi kāinga, tangata whenua

lolly rare

lonely mokemoke

long – I won't be long kāore au e roa

long roa

look (at) titiro (tirohia)

look after manaaki (-tia), tiaki (-na), whāngai (-a, -hia, -tia), taurima (-tia), awhiawhi (-tia)

look for (*with the eyes*) kimi (-hia)

**look for** (*physical search*) rapu (-a, -hia)
**look for work/a job** rapu mahi
**looking forward (to)** ngākaunui (ki)
**looks** āhua

**lost** ngaro
**lots of** maha, nui, tini
**lounge** rūma noho
**Lower Hutt** Te Awakairangi

**machine** pūrere
**main** matua
**main road** huarahi matua
**make** mahi (-a, -tia, -ngia)
**make a formal speech** whaikōrero (-tia, -hia)
**male** tāne
**man** tāne
**many** maha, nui, tini, rahi, huhua
**many** (*people*) tokomaha
**Māori (language)** reo Māori, reo rangatira
**map** mapi
**march** hīkoi (-tia)
**margin** (*of a page*) tapa whārangi
**marriage** mārenatanga
**marry** mārena (-tia), moe (-a)
**martial arts** ruturutu
**marvellous** mīharo
**matter** take
**mature** (*develop*) whakapakari (-tia, -hia)
**May** Haratua, Mei
**McDonald's** Makitānara
**me** ahau, au
**meaning** tikanga
**meat** mīti
**meet** (*gather*) hui (-a)
**meet** tūtaki (-na)
**meeting** hui
**meeting house** wharenui
**member** mema
**Member of Parliament** mema pāremata
**mention** whakahua (-ina)
**metre** mīta

**microwave oven** ngaruiti
**midday** poupoutanga o te rā
**midnight** waenganui pō
**migration** hekenga
**military camp** hopuni ope taua
**milk** miraka
**million** manomano, miriona
**milo** maero
**mine** nāku, nōku (*see table on page 90 for guide on usage*)
**minute** meneti
**mirror** whakaata
**missing** ngaro
**module** (*educational*) kōwae ako
**Monday** Rāhina, Mane
**money** moni
**monitor** (*computer*) pane
**monkey** makimaki
**month** marama
**moon** marama
**morning** ata
**mother** whaea, kōkā, māmā
**mother-in-law** hungarei
**mountain** maunga
**mouse** kiore
**mouth** māngai, waha
**move** neke (-hia)
**museum** papa tongarewa
**mutton** mīti hipi
**my** taku (*plural* aku), tāku (*plural* āku), tōku (*plural* ōku), nāku, nōku (*see table on page 89 for guide on usage*)

# N

name ingoa
name whakaingoa (-tia)
namely arā
national o te motu
natural gas haumāori
Napier Ahuriri
near tata
nearest tata rawa
nearly kua tata … te …
neat – (someone/something) is neat ka mau
    te pai o …
neat (exclamation) ka rawe hoki
neat (tidy) nahanaha
neck kakī
need hiahia
nephew irāmutu
netball netipōro
never mind hei aha
nevertheless heoi anō
new hou (dialect variation hōu)
next ā tērā

next year ā tērā tau
next year ā te tau e heke mai nei
nice-tasting reka
niece irāmutu
night pō
nine iwa
no kāore, kāhore
no doubt kāore e kore
noon poupoutanga o te rā
north raki, raro
northern raki
nose ihu
not kāore, kāhore
not yet taihoa
November Noema, Whiringa-ā-rangi
now (in the immediate future) āianei, āianei
    nā, anāianei, āinei
now (at this very point in time) i nāianei (or
    ināianei)
nurse tiaki tūroro
nut nati

o'clock karaka
occasion wā
October Oketopa, Whiringa-ā-nuku
of a, o (see page 83 for guide on usage)
office tari
officer āpiha
oh dear auē
old lady/woman (term of respect) kuia
older brother (of a male) tuakana (plural
    tuākana)
older sister (of a female) tuakana (plural tuākana)

on runga
on the contrary kē
on the other side of tua
on the point of kua tata … te …
on top of runga
one (of a group) tētahi (dialect variation
    tētehi)
one (when counting in sequence only) tahi
one (when counting specfic things) kotahi
one to another tētahi ki tētahi (atu)
onion rīki

**only** anake, noa iho

**open** puare

**open-mouthed** hāmama

**opportunity – have an opportunity to** whai wāhi … ki

**or** rānei

**orange** ārani

**organisation** whakahaere

**organise** whakahaere (-tia)

**original** tūturu

**others – and others** mā

**our** (*'us – me and them'*) tā mātou (*plural* ā mātou), tō mātou (*plural* ō mātou), nā mātou, nō mātou (*see table on page 90 for guide on usage*)

**our** (*'us all – me and two or more of you'*) tā tātou (*plural* ā tātou), tō tātou (*plural* ō tātou), nā tātou, nō tātou (*see table on page 90 for guide on usage*)

**our** (*'us two – me and her/him'*) tā māua (*plural* ā māua), tō māua (*plural* ō māua), nā māua, nō māua (*see table on page 89 for guide on usage*)

**our** (*'us two – me and you'*) tā tāua (*plural* ā tāua), tō tāua (*plural* ō tāua), nā tāua, nō tāua (*see table on page 89 for guide on usage*)

**out (of)** waho

**out of breath** kua pau te hau

**outside** waho

**oven** umu

**over** runga

**overseas** tāwāhi

**own** (*adjective*) ake

**Pacific Ocean** (Te) Moana-nui-a-Kiwa

**packet** pākete

**painful** mamae

**pair** tokorua

**Palmerston North** Te Papa-i-oea

**pantry** kāpata kai

**pants** tarau

**parent** matua (*plural* mātua)

**part** wāhanga

**participant** (*in a game*) kaitākaro

**partner** hoa rangatira

**party** (*social occasion*) pātī

**pass** taha (-ina)

**pass by** pahure (-tia)

**past – just past** (*time only*) kua pahure ake nei

**pasta** pāketi, parāoa rimurapa

**path** ara

**patient** (*adjective*) manawanui

**pay (for)** utu

**payment** utu

**pear** pea

**peel** waru (-a, -hia)

**peg** (*noun*) pine

**peg** titi (-a)

**pen** pene

**pencil** pene rākau

**people** iwi, tāngata

**people of the place** tangata whenua, iwi kāinga

**pepper** pepa

**perhaps** pea, tēnā pea

**permanent** tūturu

**persist** ngana

**person** tangata

**pet** mōkai

**pharmacist** kaitaka rongoā

**pharmacology** mātauranga taka rongoā

**phone** waea (-tia)

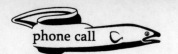

**phone call** waea, kōrero waea
**physical education** whakakorikori tinana
**physics** mātauranga ahupūngao
**picture** pikitia, whakaahua
**pig** poaka
**piglet** punua poaka
**pillow** urunga, pera
**pin** pine
**pity** aroha (-ina) ki
**pizza** parehe
**Pizza Hut** Whare Parehe
**place** wāhi
**place – that place (mentioned before)** reira
**plan** whakaaro
**plate** pereti
**play** tākaro (-tia, -hia)
**play video/computer games** tākaro (-tia, -hia) ataata
**player** kaitākaro
**playing field** papa tākaro
**please** (*request*) koa *e.g.* hōmai koa te pene
**pleased** koa
**point (to, at)** tohu (-a)
**polished** kanapa, pīata
**polytechnic** kura tini
**pork** mīti poaka
**porridge** pāreti
**portable radio/tape/CD player** pokotaringa
**position** tūnga, tūranga
**possess** whai (-a)

**possessions** rawa
**pot** kōhua
**potato** rīwai
**power** mana
**pray** karakia (-tia)
**prayer** karakia
**precious** kahurangi
**prepare** whakareri (-tia)
**presently** (*in the future*) ākuanei
**presently** (*in the past*) nāwai
**prestige** mana
**pretty** ātaahua
**price** utu
**primary school** kura tuatahi
**principal** (*of a school*) tumuaki
**print** tā (-ia, -ngia)
**prized** taonga
**proud** whakahīhī
**proud (of)** ngākaunui (ki)
**proverb** whakataukī
**public relations officer** takawaenga
**pudding** pūrini
**pumpkin** paukena
**pupil** ākonga
**puppy** punua kurī
**purpose** kaupapa
**pursue** whai (-a)
**put back** whakahoki (-a, -ngia)
**put into** (*an enclosed space*) puru (-a)
**put on clothes** whakamau (-a) kākahu

**quarter past** (*the hour*) hauwhā mai i, koata pāhi i
**quarter to** (*the hour*) hauwhā ki, koata ki

**quite** noa iho

radio (broadcast) reo irirangi

radio station teihana reo irirangi

rain ua

rat kiore

rather hanga, āhua

read (silently) kōrero-ā-whatu, kōrero pukapuka

read (out loud) pānui (-tia)

ready reri

real tupu, tūturu

real home haukāinga

really te mutunga mai o …, tūturu

really good tino

rear (of children) whakatipu (-ria, -tia), whakatupu (-ria, -tia)

receive whiwhi

red whero

refrigerator pouaka whakamātao

region rohe

regional ā-rohe

regional council kaunihera-ā-rohe

relation (by blood) karanga, huānga

relations (general, including through marriage) whanaunga

relationship whanaungatanga

relish (refers to a song that complements or gives relish to a speech) kīnaki

remain (stay) noho (-ia), tū (-ria)

remain (left over) toe (-a)

remain at mau ki

remain silent whakahū

remainder toenga

remember maumahara (-tia), mahara (-tia)

remote control (device) rou mamao

remove tango (-hia)

repair whakapai (-ngia, -tia)

reply whakahoki (-a, -ngia)

rest – and the rest mā

rest okioki (-ngia, -tia), whakangā (-ngia)

rest (left over) toenga

restaurant wharekai

retain mau ki

retain … (command) kia mau ki …

return hoki (-a)

return (something) whakahoki (-a, -ngia)

rice raihi

ride a bicycle eke (-a) pahikara

right – isn't that right/so (seeking confirmation from listener) nē

right tika

right – you're right he tika tāu

right (hand) matau

right now i nāia tonu nei

ring (of a phone) tangi (-hia)

river awa

road rori, huarahi, ara

roar haruru

roast tao (-na)

roof tuanui

room rūma

rubber muku

ruler rūri

run oma (-kia)

running (race) omaoma

rural taiwhenua

rush rere (rērea)

# S

**sad** pōuri

**safety helmet** pōtae mārō

**salesperson** kaihoko

**salt** tote

**same** ōrite

**Samoa** Hāmoa

**sandwich** hanawiti

**satellite** amiorangi

**saturated fat** hinu kueo

**Saturday** Hātarei, Rāhoroi

**sauce** kīnaki

**saucepan** kōhua

**sausage** tōtiti, hōtiti

**say – I should say** me kī

**say** kī (-a), kōrero (-tia, -hia, -ngia), mea (-tia), whakapuaki (-na)

**say prayers** karakia (-tia)

**saying** whakataukī

**school** kura

**School Certificate** Kura Tiwhikete

**science** pūtaiao

**scold** kohete (-tia)

**score a try** piro

**Scotland** Kotirana

**scrape** waru (-a, -hia)

**screen** (*computer*) pane

**sea** moana

**season** wā, kaupeka

**second** (*time*) hēkona

**section** wāhanga

**see** kite (-a)

**see you (again/later)** ka kite (anō)

**seek** (*with eyes only*) kimi (-hia)

**seek** (*physical search*) rapu (-a,-hia)

**self** ake

**sell** hoko (-na) atu

**seller** kaihoko

**September** Hepetema, Mahuru

**serve – it serves you/him/etc right** kaitoa

**settled** tau

**seven** whitu

**shape** āhua

**she** ia

**sheet** hīti

**sheet of paper** puka

**shift** neke (-hia)

**shine** kanapa

**shine** (*of the sun*) whiti (-a, -kia)

**shining** kanapa, pīata

**shirt** hāte

**shoe** hū

**shop** toa

**short** poto

**short time – it was a short time before …** poto nei te wā ka …

**shortly afterwards** taro ake

**shot** (*turn in a game*) whiu

**shout** ūmere (-tia)

**shovel** tākoko

**show** whakaatu (-ria, -hia)

**show respect** manaaki (-tia)

**sick** mate

**sick of** hōhā ki

**side** taha

**sideline** paetaha

**sigh** ngunguru (-tia)

**silent** (*keep silent*) whakahū

**simultaneously** tahi

**sing** waiata (-tia)

**Singapore** Hingapō

**single** (*unmarried*) takakau

**sink** puoto

**sister** (*of a female*) (*older*) tuakana (*plural* tuākana), (*younger*) teina (*dialect variation* taina) (*plural* tēina, tāina)

sister (*of a male*) tuahine (*plural* tuāhine)

sister-in-law (*of a male*) auwahine (*plural* auwāhine)

sister-in-law (*of a female*) taokete

sit noho (-ia)

sitting room rūma noho

six ono

skateboarding retireti ā-papa wira

skiing retihuka

skill(s) pūkenga

skin-tight clothing kahupiri

Sky Tower Pourewa Rangi

slap paki (-a, -tia)

sleep moe (-a)

sleepyhead moeroa

slow pōturi, takaware

small iti

smell (*sweet*) kakara

smoke auahi

smoke (cigarettes) kai hikareti, kai paipa

snatch kapo (-hia)

sniff hongi (-hia)

so heoi anō, nō/nā reira

so to say arā

sob hotuhotu

social studies tikanga-ā-iwi

social worker kaimahi-ā-iwi

socks tōkena

sodium konutai

soft ngohengohe, ngāwari

soft drink waireka

softball poi ngohengohe

soldier hōia

some he

some (*of a group*) ētahi (*dialect variation* ētehi*)

some ... others ... ētahi ... ētahi ...

sometimes i ētahi wā

somewhat hanga, āhua

son tama

song waiata

son-in-law hunaonga

soon (*in the immediate future*) āianei

soon (*shortly*) ākuanei; wawe

sore mamae, mate

sorry taku pōuri atu

sorry about that aroha ana

sort (*noun*) momo

sound haruru

south tonga, runga

South Africa Awherika ki te Tonga

South America Amerika ki te Tonga

South Island Te Waipounamu

sow (*female pig*) whāereere

spade kāheru

spaghetti pāketi

Spain Peina

Spanish Paniora

sparkling kanapa, pīata

speak kōrero (-tia, -hia, -ngia)

speak – make a formal speech whaikōrero (-tia, -hia, -ngia)

speaker kaikōrero

species momo

spoon pune, koko

sport hākinakina

sports ground papa tākaro

spread out hora (-hia)

spring (*season*) koanga

square tapawhā orite

stack (*verb & noun*) pūkei (-tia) (*dialect variation* pūkai (-tia))

start tīmata (-ria, -tia, -ngia); tīmatanga

start on tahuri (-tia, -hia)

starving matekai, mate i te kai

station teihana

stay noho (-ia)

steadfast manawanui, ū

steal tāhae (-tia)

stepfather matua kē

stick to ... (*command*) kia mau ki ...

still tonu

stockings tōkena
stomach puku
stool tūru
stoop tuohu (-tia)
stop (doing that) kāti
stop that whakamutu atu
store toa
story kōrero
stove tō
straighten up whakatika (-ina)
street rori, huarahi, ara, tiriti
stretch out toro (-na)
stroke (*medical condition*) ikura roro
stroll hāereere
strong kaha, ū
student ākonga
study (a subject) whai (-a), whakamātau (-ria)
study time wā akoranga
subject (*school*) kaupapa ako, marau
subtribe hapū
suburb moka tāone

suddenly tata tonu
sufficient – there is/are sufficient he nui
sugar huka
summer raumati
sun rā
Sunday Rātapu
sunset tōnga (o te rā)
supermarket toa hokomaha
support – I support that tautoko
support tautoko (-na, -tia, -ngia)
surely tūturu
surface mata
surfing whakaheke ngaru
sweep puruma (-tia), tahi (-a), tahitahi (-a)
sweet reka
sweet potato kūmara (*dialect variation* kūmera)
sweetheart tau
swim kauhoe (-tia)
swimming kauhoe
swimsuit kākahu kaukau

table tēpu
tablecloth whāriki tēpu
tail hiku
take (*carry*) hari (-a), tari (-a), kawe (-a, -ngia)
take (*a course of study*) whai (-a)
take (away) tango (-hia)
take drugs kai taru kino
take home whakahoki (-a, -ngia)
take out tango (-hia)
takeaways (*food*) kai hokohoko
talent pūmanawa
talk kōrero (-tia, -hia, -ngia)
tall roa (*people*), teitei, tiketike
tap kōrere

taste hā
taxi tākihi (*dialect variation* tēkihi)
taxi driver kaitoko tēkehi
tea tī
tea bag kori tīraurau
teach whakaako (-na, -tia, -ngia)
teacher kaiwhakaako, kaiako
team rōpū
technology hangarau
teenager taitama, taitamaiti (*plural* taitamariki)
telephone waea (-tia)
telephone call waea
television pouaka whakaata, taonga whakaata

**television programme** whakaaturanga

**tell** kī (-a), kōrero (-tia, -hia, -ngia)

**tell jokes** kōrero paki

**tell off** kohete (-tia)

**tell stories** kōrero paki

**ten** tekau

**ten pin bowling** maita tekau pine

**tennis** tēnehi

**thank you** kia ora

**thanks very much** kia ora rawa atu

**that** (*already mentioned*) taua

**that** (*near listener*) tēnā

**that** (*over there – away from speaker and listener*) tērā

**that is (to say)** arā, me kī

**that is/that's** koia

**that's enough** whakamutu atu

**that's it** koinā

**the (already mentioned)** taua (*plural* aua)

**the** te (*plural* ngā)

**their** (*'the three or more of them'*) tā rātou (*plural* ā rātou), tō rātou (*plural* ō rātou), nā rātou, nō rātou (*see table on page 90 for guide on usage*)

**their** (*'the two of them'*) tā rāua (*plural* ā rāua), tō rāua (*plural* ō rāua), nā rāua, nō rāua (*see table on page 89 for guide on usage*)

**them** (*two of them*) rāua

**them** (*more than two*) rātou

**theme** kaupapa

**there – … is/are there** (*near listener*) konā

**there** reira

**there (it is)** (*near listener*) anā

**there (it is)** (*over there – away from speaker and listener*) arā

**there – … is/are there** (*over there – away from speaker and listener*) korā

**therefore** nō/nā reira

**these** (*near speaker*) ēnei

**these are** koinei

**they** (*two of them*) rāua

**they** (*more than two*) rātou

**thin** tūai, tūpuhi

**thing** mea

**think** whakaaro (-tia, -hia, -ngia), mahara (-tia)

**think – what do you think** pēhea ō whakaaro

**think (mistakenly)** pōhēhē (-tia)

**thirsty** hiainu

**this** (*near speaker*) tēnei

**this is** koinei

**this side** (*of a distant object or place*) kō mai

**those (*already mentioned*)** aua

**those** (*near listener*) ēnā

**those** (*over there – away from speaker and listener*) ērā

**thought** whakaaro

**thousand** mano

**three** toru

**throughout New Zealand** Aotearoa whānui

**throughout the country** i te mata o te whenua

**throw** whiu (-a)

**Thursday** Rāpare, Tāite

**ticket** tīkiti

**tidy** (*adjective*) nahanaha

**tidy** whakatika (-ina)

**time** wā, tāima

**timetable** wātaka

**tired** ngenge

**tired of** hōhā ki

**to** ki

**toast** tōhi (-a)

**toasted-sandwich maker** whakatōhi hanawiti

**toaster** whakatōhi

**today** tēnei rā

**toenail** maikuku

**together** ngātahi, tahi

**toilet pan** heketua

**tomato** tōmato

**tomorrow** āpōpō

**too** (*also*) hoki

**too** rawa

**topic** kaupapa kōrero

total (*amount/number*) katoa
total **immersion** rumaki i te reo
touch whakapā (-ngia)
touch **rugby** whutupōro whakapā
tourism tāpoi
tourist kaiwhakatāpoi
towel tauera (*dialect variation* tauwera)
tower pourewa
town tāone
train (*develop*) whakapakari (-tia, -hia)
training **scheme** whakahaere whakangungu
treasured taonga
treat **with care** taurima (-tia)

tribe iwi
trip – **go on a trip** haere whakangahau
trip (*noun*) haere whakangahau
trouble raruraru
trousers tarau
true tika
try ngana
Tuesday Rātū, Tūrei
turn huri (-hia)
turn **to** tahuri (-tia, -hia)
twin māhanga
two rua
type momo

umbrella hamarara
uncle matua kēkē
under raro
underneath raro
underworld rarohenga
unique ahurei
unity whakakotahitanga
university whare wānanga
unmarried takakau
until **next year** tae noa ki tērā tau
unveiling (*of a headstone*) hura kōhatu
upwards ake

us (*him/her and me*) māua
us (*them and me*) mātou
us (*you and me – more than two of us*) tātou
us (*you and me – the two of us*) tāua
use **up** whakapau (-hia)
used **to** waia
used **up** pau
useless – ... **is/are/was/were useless** kāore
    he take o ...
utensils taputapu
utter (*say*) whakapuaki (-na)

vacuum horopuehu (-tia)
vacuum **cleaner** horopuehu
valuable taonga
vase ipu
vegetable hua whenua

very tino
very **good** rawe
Victoria **University** Te Whare Wānanga o
    Wikitoria
video **camera** kāmera ataata

**video cassette player** pūrere ataata

**video game** tākaro ataata

**video game machine** mīhini ātea

**video games parlour** wāhi tākaro ataata, whare tākaro ataata

**video shop** toa ataata

**view** tirohanga

**vine** aka

**visitor** manuhiri

**volcano** puia

**volleyball** poirewa

**wages** utu-ā-haora

**wait** (*exclamation*) taihoa

**wait** tatari (tāria)

**waiter** kaiwhakarato kai

**wake up** oho (-tia)

**wake up suddenly/with a start** ohorere

**walk** hīkoi (-tia)

**wall** pakitara

**want** hiahia (-tia)

**wardrobe** kapata kākahu

**warm** mahana

**warm – make warm** whakamahana (-tia)

**warm up** whakamahana (-tia)

**wash** horoi (-a, -ngia)

**washbasin** oko horoi

**washing machine** pūrere horoi

**washing powder** rehu horoi

**watch** mātakitaki (-tia)

**watch** (*timepiece*) wati

**watch television** mātakitaki taonga whakaata

**water** wai

**way** ara

**we** (*he/she and I*) māua

**we** (*they and I*) mātou

**we** (*you and I – more than two of us*) tātou

**we** (*you and I – the two of us*) tāua

**weak** ngoikore

**wearing** (*clothes*) mau

**weather** huarere, rangi, āhua o te rangi

**Wednesday** Rāapa, Wenerei

**weed** ngaki (-a)

**weed** otaota

**week** rāwhitu, wiki

**weekend** rā whakatā (*always plural*), paunga rāwhitu

**weep** tangi (-hia)

**weight** taumaha

**welcome** haere mai

**well** (*interjection*) heoi anō

**well** ora, pai

**well then** kāti noa, tēnā koa

**well-being** ora

**Wellington** Te Whanga-nui-a-Tara, Pōneke, Te Ūpoko o Te Ika

**west** hauāuru

**wet** mākū

**what** aha

**what (is/are)** he aha

**where** hea (*dialect variation* whea)

**which (one)** tēhea (*plural* ēhea)

**white** mā

**who/whom** wai

**wide** whānui

**widow** pouaru

**widower** pouaru

**wife** hoa rangatira, wahine (*plural* wāhine)

**wind** hau

**window** matapihi

**windsurfing** mirihau

**winter** takurua

**wish** pīrangi (-tia)

**with** me

**with** (*an object*) ki

**woman** wahine (*plural* wāhine)

**word** kupu

**work – have work** whai mahi

**work** (*verb & noun*) mahi (-a, -tia, -ngia)

**worker** kaimahi

**world** ao

**worn out** (*exhausted*) kua pau te hau

**worn out** (*materials*) ruha

**worry** māharahara (-tia), āwangawanga (-tia)

**writer** kaituhi

**yarn** (*talk*) kōrero paki

**year** tau

**year before last** i tērā atu tau

**yearn** wawata (-tia)

**yearning** wawata

**yellow** kōwhai

**yes** āe, āna (*Wanganui, Taranaki dialect*)

**yes indeed** āe hoki

**yesterday** i nanahi (*or* inanahi)

**yet** tonu

**yoghurt** miraka tepe

**you** (*more than two*) koutou

**you** (*one person*) koe

**you** (*two of you*) kōrua, (*dialect variation* kōurua*)

**young** (*of animals*) punua

**young people** rangatahi

**younger brother** (*of a male*) teina (*dialect variation* taina) (*plural* tēina, tāina)

**younger sister** (*of a female*) teina (*dialect variation* taina) (*plural* tēina, tāina)

**youngest** (*brother, sister*) kauaeraro

**youngest** (*child in a family*) pōtiki

**your** (*one person*) tō (*plural* ō), tāu (*plural* āu), tōu (*plural* ōu), nāu, nōu (*see table on page 89 for guide on usage*)

**your** ('*you two*') tā kōrua (*plural* ā kōrua), tō kōrua (*plural* ō kōrua), nā kōrua, nō kōrua (*see table on page 89 for guide on usage*)

**your** ('*three or more of you*') tā koutou (*plural* ā koutou), tō koutou (*plural* ō koutou), nā koutou, nō koutou (*see table on page 90 for guide on usage*)

**youth** taitama

**youth** (*as a group*) rangatahi

# Words in

# Thematic Lists

1   **People** — *Ngā tāngata*
2   **Feelings and emotions** — *Ngā ariā me ngā aronganui*
3   **Parts of the body** — *Ngā wāhanga o te tinana*
4   **Time, seasons and the calendar** — *Te wā me te maramataka*
5   **Location** — *Te wāhi*
6   **Countries of the world** — *Ngā whenua o te ao*
7   **Cities of the world** — *Ngā tāone nui o te ao*
8   **Geographical features** — *He āhua papawhenua*
9   **Weather** — *Te huarere*
10  **Measurement** — *Te ine*
11  **Shapes** — *Ngā āhua*
12  **House and garden** — *Te whare me te māra*
13  **Computers** — *Ngā rorohiko*
14  **Food** — *Ngā kai*
15  **In the country** — *I te taiwhenua*
16  **In town** — *I te tāone*
17  **Education** — *Te mātauranga*
18  **Transport** — *Ngā waka hari tangata*
19  **Work** — *Te mahi*
20  **Leisure, sport and pastimes** — *Ngā mahi-a-rehia*
21  **Clothing** — *Ngā kākahu*
22  **Health** — *Te hauora*

# 1 People — *Ngā tāngata*

## Gender, ages and stages

adult *pakeke, paheke*

baby *pēpi*

elder, senior person in relationship group (*term of respect*) *kaumātua*

girl *kōtiro, kōhine, hine*

infant (*carried in the arms*) *piripoho*

man, male *tāne*

old man *koro, koroua, koroheke*

old woman *kuia*

single (*unmarried*) person *takakau*

teenagers *taitamariki*

widow, widower *pouaru, takahore*

woman, female *wahine*

young child, toddler *kōhungahunga*

young man, male teenager *taitama*

young people *matatahi, rangatahi*

young woman, female teenager *taitamāhine*

youngest child *pōtiki, muringa, mātāmuri*

## Groups

group of common age or purpose (e.g. a team, class, club) *rōpū*

group travelling together for a purpose *tira, uepū*

group whose purpose is not yet identified (e.g. coming onto a marae) *ope*

informal group or crowd *hunga*

## Family relationships

### General terms

family, extended family *whānau*

family relationships *whanaungatanga*

person related by blood *karanga*

person related in two ways *karanga-rua*

relatives *huānga, whanaunga, karangatanga*

sub-tribal group *hapū*

tribal group *iwi*

### Older generations

aunt *whaea kēke, whaene*

father *matua, pāpā*

foster parent *matua whāngai, matua taurima*

grandfather *tipuna, tupuna, poua*

grandmother *tipuna, tupuna, tāua*

mother *whaea, matua wahine, whaene, kōkā, māmā*

parent *matua*

stepfather *mātua kē, matua whakaangi*

stepmother *whaea kē*

uncle *matua kēkē*

# Family relationships (continued)

## Younger generations

child  *tamaiti*

children  *tamariki*

daughter  *tamāhine*

eldest child  *mātāmua, muanga*

foster child  *tamaiti whāngai*

grandchild  *mokopuna*

male child  *tamatāne*

nephew, niece  *irāmutu*

only child  *tautahi, huatahi*

orphan  *pani*

son  *tama*

stepdaughter  *tamāhine kē*

stepson  *tama kē*

## Same generation

brother or male cousin (*of a female*)  *tungāne*

eldest brother or sister  *kauaemua*

older brother or male cousin (*of a male*)  *tuakana*

older sister or female cousin (*of a female*)  *tuakana*

sister or female cousin (*of a male*)  *tuahine*

step-brother (*of a female*)  *tungāne kē*

step-sister (*of a male*)  *tuahine kē*

twins  *māhanga*

younger brother or male cousin (*of a male*)  *teina* (dialect variation *taina*)

younger sister or female cousin (*of a male*)  *teina* (dialect variation *taina*)

youngest brother or sister  *kauaeraro*

## Relations by marriage

brother-in-law (*of a man*) sister-in-law (*of a woman*)  *taokete*

brother-in-law (*of a woman*)  *autāne*

daughter-in-law  *hunaonga, hunonga*

father-in-law  *hungarei, hungawai*

husband  *tāne, hoa rangatira*

mother-in-law  *hungarei, hungawai*

parents-in-law  *hungarei, hungawai*

sister-in-law (*of a man*)  *auwahine*

son-in-law  *hunaonga, hunonga*

wife  *wahine, hoa rangatira*

## 2 Feelings and emotions — *Ngā ariā me ngā aronganui*

### Strong physical sensations

dizziness; dizzy *ānini*

giddiness; giddy *ānini*

hunger; hungry *hiakai, matekai*

numbness; numb *matakerekere*

out of breath *hēmanawa*

pain *mamae*

sick *māuiui*

sleepy *matemoe, hiamoe*

sore *mamae*

thirst; thirsty *hiainu, matewai*

unwell *māuiui*

### Feeling good

content *tatū, na, ngata*

contented *toko te manawa*

excited *nanawe*

exuberance; exuberant *ngangahau*

happiness; happy *koa, hari, harikoa*

joy, joyful *koa, hari, harikoa*

lucky *waimarie*

overjoyed *manawarū*

pride; proud *whakahīhī*

well *ora*

### Positive attitudes

acquiescence; acquiescent *whakaririka*

amenable *ngākau mahaki, ngāwari*

confidence *māiatanga, whakamanawatanga*

confident *māia*

curiosity; curious *pākiki*

determined *pūkeke*

determination *hiringa*

eagerly desire *hihiri*

eagerness; eager *kaikā, ngākaunui*

even-tempered *hūmarie*

inquisitive *uiui*

optimism; optimistic *ngākau rorotu*

patience; patient *manawa-nui*

thoughtful *pūmahara, whai whakaaro*

steadfast *titikaha*

### Feeling positive towards others

admiration; admire; admiring *mīharo*

loving *aroha, mateoha*

### Feeling bad

depression; depressed *hēmanawa, pōuri*

disheartened *hēmanawa*

dismay; dismayed *pōraru, pōtatutatu*

dispirited *hēmanawa*

grief; grieving *pōuri, pāmamae, pūkatokato*

pine; pining *whakamomori*

pessimism; pessimistic *hākerekere*

sadness; sad *pōuri, hinapōuri*

stressed out *pōkaikaha*

## Feeling frustrated

bored *hongehongeā, hokehokeā, hōhā ki ...*
exasperated *hēmanawa*
exasperation *hohoia*

frustration; frustrated *muhumuhu, pōkaikaha*
impatience; impatient *kaikā, kaikaha*
sulking *whakamau*

## Feeling worried

anxiety; anxious *anipā, mānukanuka*
concern *āwangawanga*

concerned about *āwangawanga ki ...*
worry; worried *āwangawanga, māharahara*

## Feeling afraid

fear; afraid *mataku*
apprehension; apprehensive *manawapā, mānukanuka*

fright; frightened *mataku, koera*

## Feeling confused

confusion; confused *rangirua*
disbelief; disbelieve *whakahori, whakaparau*
dumbfounded *matakerekere*
flustered *hēmanawa*
foolish *heahea, rorirori*

in a daze *wairangi*
in doubt *rangirua*
puzzled *mānukanuka*
silly *heahea*
uncertain *rangirua*

## Feeling negative towards others

anger; angry *pukuriri, riri, whakatakariri*
antagonism; antagonistic *nihoniho*
disgust; disgusted *anuanu, mākinokino, whakarihariha*
envy; envious *pūhaehae*
hate; hate-filled *mauāhara*
hostile *pukuriri, toheriri*

indignant *whakatakariri*
irritated *kārangi, toī*
jealous *harawene*
malicious *hīkaka, waniwani*
quarrelsome *nihoniho, ngaweri, tumatuma*
vindictive *whakamau*
violent *pākaha*

# 3 Parts of the body — *Ngā wāhanga o te tinana*

arm *ringa(ringa)*
back *tuarā*
body *tinana*
bottom *kumu, tou, whero*
brain *roro*
breast *poho, uma, ū*
chest *poho, uma*
ear *taringa*
eye *karu, whatu*
face *kanohi, mata*
finger *matihao*
fingernail *maikuku*
foot *waewae*

forehead *rae*
hair *huruhuru, makawe*
hand *ringa(ringa)*
head *māhunga, matenga, ūpoko, pane*
jaw *kauae, kauwae*
knee *turi*
leg *waewae*
mouth *māngai, waha*
neck *kakī*
nose *ihu*
stomach, belly *puku*
toenail *maikuku*

# 4 Time, seasons and the calendar — *Te wā me te maramataka*

## Parts of the day

afternoon *ahiahi*
dawn, sunrise *atatū*
day (daylight), daytime *awatea*
evening *ahiahi, ahiahi pō*
midday *poupoutanga (o te rā)*

midnight *waenganui pō*
morning *ata*
night, night-time *pō*
sunset *tōnga (o te rā)*

## Telling the time

What's the time? *He aha te tāima? He aha te wā?*
One o'clock. *Kotahi karaka.*
Eleven o'clock. *Tekau mā tahi karaka.*
Eight o'clock. *Waru karaka.*
Quarter past eight. *Hauwhā mai i te waru karaka.*

Eighteen past eight. *Tekau mā waru meneti mai i te waru karaka.*
Half past eight. *Haurua mai i te waru karaka.*
Quarter to nine. *Hauwhā ki te iwa karaka.*
Five to nine. *E rima meneti ki te iwa karaka.*

## Days of the week

| Monday | Tuesday | Wednesday | Thursday | Friday | Saturday | Sunday |
|--------|---------|-----------|----------|--------|----------|--------|
| *Mane* | *Tūrei* | *Wenerei* | *Tāite* | *Paraire* | *Hātarei* | *Rātapu* |
| *Rātahi* | *Rārua* | *Rātoru* | *Rāwhā* | *Rārima* | *Rāhoroi* | |
| *Rāhina* | *Rātū* | *Rāapa* | *Rāpare* | *Rāmere* | | |

## Months and seasons of the year

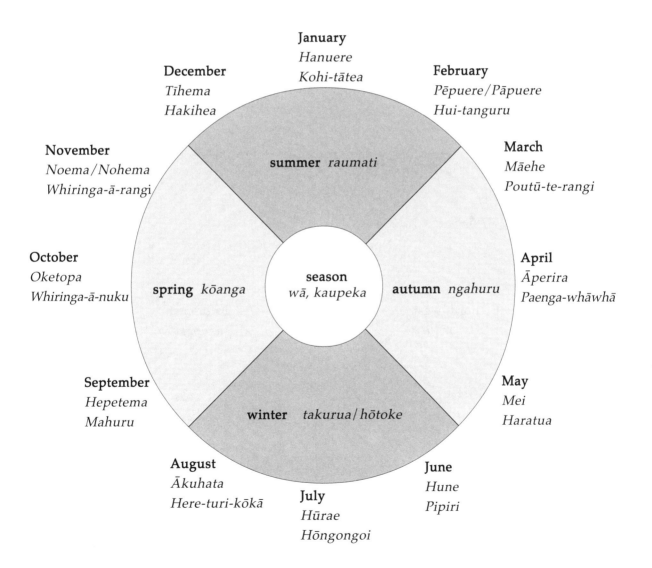

**January**
*Hanuere*
*Kohi-tātea*

**February**
*Pēpuere/Pāpuere*
*Hui-tanguru*

**December**
*Tīhema*
*Hakihea*

**March**
*Māehe*
*Poutū-te-rangi*

**November**
*Noema/Nohema*
*Whiringa-ā-rangi*

**October**
*Oketopa*
*Whiringa-ā-nuku*

**April**
*Āperira*
*Paenga-whāwhā*

**summer** *raumati*

**spring** *kōanga*

**season**
*wā, kaupeka*

**autumn** *ngahuru*

**winter** *takurua/hōtoke*

**September**
*Hepetema*
*Mahuru*

**May**
*Mei*
*Haratua*

**August**
*Ākuhata*
*Here-turi-kōkā*

**June**
*Hune*
*Pipiri*

**July**
*Hūrae*
*Hōngongoi*

## Periods of time

second *hēkona*
hour *haora*
day *rā*
week *wiki, rāwhitu*
weekend *(ngā) rā whakatā, paunga rāwhitu*
month *marama*

year *tau*
century *rautau*
decade *tekau tau*
millennium *mano tau*
aeon *manomano tau*
epoch, era *wā*

## Special days

anniversary *huritau*
birthday *rā huritau, rā whānau*
Christmas Day *Rā Kirihimete*
Christmas Eve *Ahiahi i mua i te Kirihimete*
Easter *Aranga*
Labour Day *Rā Mahi*

New Year *Tau Hou*
New Year's Day *Rā o te Tau Hou*
New Year's Eve *Ahiahi i mua i te Tau Hou*
Queen's Birthday *Rā Huritau o te Kuini*
Waitangi Day *Rā o Waitangi*

# 5 Location — *Te wāhi*

## Points of the compass

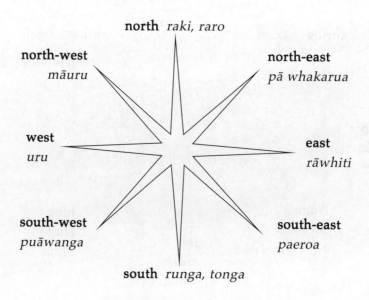

**North Pole** *Pouaho Raki*

**north** *raki, raro*

**north-west** *māuru*

**north-east** *pā whakarua*

**west** *uru*

**east** *rāwhiti*

**south-west** *puāwanga*

**south-east** *paeroa*

**south** *runga, tonga*

**South Pole** *Pouaho Tonga*

## Local nouns

Local nouns are a special set of words that specify some
location or place. Here are the most common.

*konā*  there (by you)

*konei*  here

*korā*  there (over there)

*mua*  the front, in front of, before

*muri*  behind, after, the rear

*raro*  under, beneath

*reira*  there (that place mentioned before)

*roto*  inside

*runga*  top, on, above

*tai*  the sea (from the land)

*tata*  close by, near

*tātahi*  seaside, shore, beach

*tāwāhi/rāwāhi*  across, the other side of (a
    sea, river or valley), overseas

*tua*  behind (some object), beyond

*uta*  the shore (from the sea)

*waenganui*  middle, between

*waho*  outside

These local nouns are not preceded by *te, ngā* or pointing-out
words such as *tēnei, tēnā* or *tērā*.

> *Ka haere māua ki waho i te whare.*  We're going outside the
> house.
> *Kei roto te kōtiro i tōna rūma.*  The girl is in her room.

When a local noun or a place name is the subject of a sentence,
it is preceded by the particle *a*.

> *He whero a runga.*  The top part is red.
> *He tāone tino nui a Ākarana.*  Auckland is a big city.
> *He makariri a waho o te whare, engari he mahana a roto.*
> The outside of the house is cold, but the inside is warm.

# 6 Countries of the world — *Ngā whenua o te ao*

Afghanistan *Awhekenetāna*

Albania *Arapeinia*

Algeria *Aratiria*

American Samoa *Hāmoa Amerikana*

Andorra *Anatōra*

Angola *Anakora*

Antigua *Te Moutere Nehe*

Argentina *Āketina*

Armenia *Āmenia*

Australia *Ahitereiria*

Austria *Ateria*

Azerbaijan *Ahepaihāni*

Bahamas *Pāhama*

Bahrain *Pāreina*

Bangladesh *Penekāri*

Barbados *Papatohe*

Belarus *Pērara*

Belgium *Pehiamu*

Belize *Pērihi*

Bermuda *Pāmura*

Bhutan *Putāna*

Bolivia *Poriwia*

Bosnia-Herzogovina *Pōngia-Herekōmina*

Botswana *Poriwana*

Brazil *Pārihi*

British Virgin Islands *Ngā Moutere Puhi*

Brunei *Poronai*

Bulgaria *Purukāria*

Burma *Pēma*

Burundi *Puruniti*

Cameroon *Kamerūna*

Canada *Kanata*

Cayman Islands *Ngā Moutere Kāmana*

Chad *Kāta*

Chile *Hiri*

China *Haina*

Colombia *Koromōpia*

Costa Rica *Koto Rika*

Croatia *Koroātia*

Cuba *Kūpā*

Cyprus *Haipara*

Denmark *Tenemāka*

Dominican Republic *Tomonaki*

Ecuador *Ekuatoa*

Egypt *Ihipa*

El Salvador *Erehāratoa*

England *Ingarangi*

Eritrea *Eriterea*

Estonia *Etonia*

Ethiopia *Etiopia*

Fiji *Whītī*

Finland *Hinerangi*

France *Wīwī*

The Gambia *Te Kamopia*

Georgia *Hōria*

Germany *Tiamana*

Ghana *Kāna*

Gibraltar *Kāmaka*

Great Britain *Piritene Nui*

Greece *Kirihi*

Greenland *Whenua Kākāriki*

Grenada *Kerenara*

Guadeloupe *Kuatarūpe*

Guam *Kuamu*

Guatemala *Kuatamāra*

Guinea *Kini*

Guyana *Kaiana*

Haiti *Haiti*

Honduras *Honotura*

Hong Kong *Hongipua*

Hungary *Hanekeria*

Iceland *Tiorangi*

India *Īnia*

Indonesia *Initonīhia*

Iran *Īrāna*
Iraq *Īrāki*
Ireland *Airangi*
Israel *Iharaira*
Italy *Itāria*
Ivory Coast *Te Tai Rei*
Jamaica *Hemeika*
Japan *Hapana, Nipono*
Jordan *Hōtene*
Kazakhstan *Katatānga*
Kenya *Kenia*
Kiribati *Kiripati*
Kirgizstan *Kikitānga*
Korea *Kōrea*
Kuwait *Kūweiti*
Laos *Rāoho*
Latvia *Rāwhia*
Lebanon *Repanona*
Lesotho *Teroto*
Liberia *Raipiria*
Libya *Ripia*
Lithuania *Rituānia*
Luxembourg *Rakapuō*
Macau *Makau*
Madagascar *Matakāhita*
Malawi *Marāwi*
Malaysia *Mareia*
Maldives *Māratiri*
Mali *Māri*
Malta *Mārata*
Marshall Islands *Ngā Moutere Māhara*
Martinique *Māritinika*
Mauritius *Marihi*
Mexico *Mēhiko*
Monaco *Monāko*
Mongolia *Mongōria*
Morocco *Moroko*
Mozambique *Mohapiki*
Myanmar *Pēma*
Namibia *Namīpia*

Nauru *Nauru*
New Zealand *Aotearoa*
Nepal *Nepōra*
Netherlands *Hōrana*
New Caledonia *Kanaki*
Nicaragua *Nikarāhua*
Niger *Ngāika*
Nigeria *Ngāitiria*
Niue *Niue*
Norfolk Island *Te Moutere Nōpoke*
North Korea *Kōrea ki te Raki*
Norway *Nōwei*
Oman *Omāna*
Pakistan *Pakitāne*
Panama *Panama*
Papua New Guinea *Papua Nūkini*
Paraguay *Parakai*
Peru *Perū*
Philippines *Piripīni*
Pitcairn Island *Te Moutere o Pitakēna*
Poland *Pōrana*
Portugal *Potukara*
Puerto Rico *Peta Riko*
Qatar *Katā*
Romania *Romeinia*
Russia *Rūhia*
Rwanda *Rāwana*
Samoa *Hāmoa*
San Marino *Hana Marino*
Saudi Arabia *Hauri Arāpia*
Scotland *Kotarangi*
Senegal *Henekara*
Serbia and Montenegro *Hirupia-Maungapango*
Seychelles *Heikere*
Sierra Leone *Te Araone*
Singapore *Hingapoa*
Slovakia *Horowākia*
Slovenia *Horowinia*
Solomon Islands *Ngā Motu Horomona*

Somalia *Hūmārie*
South Africa *Āwherika ki te Tonga*
South Korea *Kōrea ki te Tonga*
Spain *Peina*
Sri Lanka *Hiri Rānaka*
St Helena *Hato Hērena*
St Kitts *Hato Kete*
St Lucia *Hato Rūiha*
Sudan *Hūtāne*
Suriname *Huriname*
Swaziland *Warerangi*
Sweden *Huitene*
Switzerland *Huiterangi*
Syria *Hiria*
Taiwan *Taiwana*
Tajikistan *Takiritānga*
Tanzania *Tānahia*
Thailand *Tairanga*
Togo *Toko*
Tokelau *Tokerau*
Tonga *Tonga*
Trinidad and Tobago *Tirinaki-Tōpako*
Tunisia *Tūnihia*
Turkey *Whenua Korukoru*
Turkmenistan *Tukumanatānga*
Tuvalu *Tūwaru*
U.S.A *Te Hononga o Amerika*
Uganda *Ukānga*
Ukraine *Ūkareinga*
United Kingdom *Piritene*
Uruguay *Urukoi*
Uzbekistan *Uhipeketāne*
Vanuatu *Whenuatū*
Venezuela *Penehūera*
Vietnam *Whitināmu*
Wales *Wēra*
Zambia *Tāmipia*
Zimbabwe *Timuwawe*

# 7 Cities of the world — *Ngā tāone nui o te ao*

Ankara *Anakara*
Antwerp *Anatepe*
Athens *Ātene*
Apia *Āpia*
Auckland *Ākarana, Tāmaki-makau-rau*
Baghdad *Pākatata*
Bangkok *Pangakoko*
Beijing *Peihinga*
Berlin *Pearīni*
Bethlehem *Peterehama*
Bogotá *Pokotā*
Bonn *Pono*
Brisbane *Piripane*
Brussels *Paruhi*
Canberra *Kānapera*
Dublin *Tāperene*
Frankfurt *Parewhiti*
Geneva *Hiniwa*
The Hague *Te Heke*
Hamburg *Hamupēke*
Honiara *Honiara*
Jakarta *Tiakāta*
Jeddah *Hera*
Jerusalem *Hiruharama*
Karachi *Karāti*
Kathmandu *Katamarū*
Kuala Lumpur *Kuara Rūpa*
Lima *Rima*
Lisbon *Rīpene*
London *Rānana*
Los Angeles *Ngā Anahera*
Manila *Manīra*
Melbourne *Poipiripi*
Memphis *Mēpihi*
Mexico City *Te Tāone o Mēhiko*
Milan *Mīrana*
Montevideo *Maungaata*
Montreal *Maungaihi*

Moscow *Mohikau*
Nagoya *Nakoia*
Nairobi *Ngāiropi*
New Delhi *Nūteri*
New York *Te Āporo Nui*
Noumea *Noumea*
Nuku'alofa *Nuku'aroha*
Osaka *Ohaka*
Oslo *Ōhoro*
Ottawa *Otawa*
Pape'ete *Pape'ete*
Paris *Parī*
Port Moresby *Poi Moahipi*
Port of Spain *Te Poi o Pāniora*
Port Vila *Poi Whira*
Quebec City *Te Kuititanga*
Riyadh *Riata*
Rome *Roma*
San Diego *Hana Piako*
Santiago *Hanatiāko*
Sao Paolo *Hao Pāoro*
Seattle *Heātara*
Seoul *Houra*
Shanghai *Hangahai*
Singapore *Hingapoa*
Stockholm *Tokoomo*
Suva *Huha*
Sydney *Poihākena*
Tarawa *Tarawa*
Tehran *Terāna*
Tokyo *Tōkio*
Valleta *Whāreta*
Vancouver *Te Whanga-a-Kiwa*
Vatican *Te Poho o Pita*
Vienna *Whiena*
Washington *Wāhitāone*
Wellington *Pōneke, Te Whanganui-a-Tara*

# 8  Geographical features — *He āhua papawhenua*

bank (of river)  *tahatika*

bay  *kokoru, korutanga, whanga*

beach  *one, tāhuna*

cave  *ana*

cliff  *pari*

coast  *tai, takutai*

coast, shore (*rocky*)  *ākau*

deep swamp  *mātā*

delta  *pūwaha*

field, paddock, meadow  *pātiki*

fiord  *tai matapari*

forest, bush  *ngahere*

glacier  *waiparahoaka, huka pō*

harbour  *whanga*

hill  *puke, hiwi*

hot spring (*volcanic*)  *ngāwhā*

inland, rural  *taiwhenua*

inlet  *kokoru, aka*

island  *motu, moutere*

lake  *roto*

land  *whenua*

mountain  *maunga*

mouth (of a river)  *ngutu o te awa, wahapū*

open sea  *au moana, moana waiwai*

peninsula  *pukurae, kūrae, koutu*

plain  *raorao, mānia*

plateau  *paepapa*

pool  *terenga, hōpuapua*

promontory, headland  *matarae*

reef  *pūkawa, tokarārangi*

river  *awa*

rivermouth  *wahapū, ngutu o te awa*

rock  *toka*

sea, ocean, large lake  *moana*

shallow swamp  *kōrepe*

source (of a river)  *mātāpuna*

spring  *matatiki, puna*

stream  *pūkaki, manga*

swamp, marsh  *repo*

tributary  *kautawa*

undulating open country  *pārae*

valley  *whārua, whāruarua, riu, awaawa*

volcano  *puia*

# 9 Weather — *Te huarere*

anticyclone, high pressure *pēhanga nui, kurahaupō*

breeze; breezy *angiangi, kāwatawata, kōhengi*

chilly *maeke*

climate *āhuarangi*

cloudy, overcast *kōmaru, kōruki, tukumaru, tāmaru*

cold *makariri*

cool *kōangiangi, hauangi*

cyclone *kurahau-awatea*

dew *tōmairangi, haukū*

drenching rain, heavy shower *ua kōpiro*

drizzle *kōnehunehu, hāuaua*

drought *tauraki, taurakitanga*

dry *maroke*

fine *paki*

flood *waipuke*

fog, mist; foggy, misty *kohu, pūkohukohu*

frost *hukapapa, haupapa*

hail *hukātara, huata, ua whatu*

haze; hazy *kōrehu, kōrehurehu*

heat; hot *wera*

humidity; humid *takawai, pīpīwai*

hurricane, tornado *haumātakataka, huripari, taupoki*

light rain *kōwhaowhao*

lightning *hiko*

rain *ua, marangai*

snow *huka, hukarere*

spitting (*of rain*) *kōuaua*

squall; gusty *apū, pōkākā, pōua*

storm; stormy *āwhā, tūpuhi*

temperate *hātai*

temperature *pāmahana, mahana*

thunder *whaitiri, whatitiri*

tropical *pārū, pārūrū*

warm *mahana*

weather *āhua o te rangi, huarere*

windy *hauhau*

# 10 Measurement — *Te ine*

## General terms

amount, size  *rahinga*

capacity  *kītanga*

decimal system  *pūnaha tekau*

degree (*on scale*) *whakarautanga*

depth  *hōhonu*

distance  *tawhiti*

interval  *āputa*

height, altitude  *teitei*

length  *roa(nga)*

maximum  *mōrahi*

minimum  *mōkito*

measure, measurement  *ine*

metric system  *pūnaha ngahuru*

scale  *āwhata*

speed, velocity  *tere*

weight  *taumaha*

width, breadth  *whānui*

## Distance and location

angle  *koki*

centimetre  *mitarau, henimita*

circumference, perimeter  *pae*

decimetre  *mita-tekau*

degree (of angle)  *putu*

diameter  *whitianga*

kilometre  *kiromita, manomita*

knot (nautical mile)  *maero kaumoana*

latitude  *aho pae*

longitude  *aho pou*

map  *mahere whenua, mapi*

metre  *mita*

millimetre  *mitamano*

mile  *maero*

radius  *pūtoro*

## Area

hectare  *heketea*

square metre  *mita pūrua*

## Weight

gram  *karama*

kilogram  *kirokarama, manokarama*

tonne  *manokiro(karama)*

## Volume, capacity

cubic metre  *mita pūtoru*

kilolitre  *kirorita*

litre  *rita*

millilitre  *ritamano*

# 11 Shapes — *Ngā āhua*

arc *pewa*
box *pouaka*
circle *porohita, porowhita*
concave *kōpapa*
cone *koeko*
convex *kōpiko*
corner *kokonga*
cube *mataono rite*
curve *ānau*
cylinder *rango*
diagonal *hauroki*
disc, disk *kōpae*
flat *paparahi*
framework *anga*
hexagon *tapaono*

layer *paparanga*
octagon *tapawaru*
parallel *whakarara*
pentagon *taparima*
quadrant *hauwhā porowhita*
rectangle *tapawhā*
ring-shaped *mōwhiti*
sector *pewanga*
shape *āhua*
sphere *poi*
spiral *tōrino*
square *tapawhā rite*
surface *mata*
symmetrical; symmetry *hangarite*
triangle *tapatoru*

# 12 House and garden — *Te whare me te māra*

## House exterior

aerial *pou irirangi*
balcony *mahaurangi*
chimney *tumera, puta auahi*
door *kūaha, tatau*
doorbell *tatangi*
guttering *rere tuanui*

roof *tuanui*
spouting, downpipe *waiputa*
step *arapapa*
verandah, porch *mahau*
wall *pakitara, pātū*
window *matapihi, wini, mataaho*

## Yard and garden

clothes line *tārawa*
concrete path *ara rāima*
dig *keri (-a), kari (-a)*
doormat *waiku*
drive(way) *ara kuhunga*
flower *putiputi, puāwai*
fork *paoka māra*

garden *māra, kāri*
gate *kēti, kuhunga*
grass, lawn *pātiti, mauti*
hedge *heti*
hoe *tipitipi, pere*
hose *ngongowai*
ladder *arawhata*

## Yard and garden (continued)

mow *tapahi (-a)*

mower *moua*

path *ara, huarahi*

peg *pine*

rake *rakuraku, purau*

shed *pākoro*

shovel *hāpara*

shrub, bush *rake, kōkōmuka*

spade *kāheru*

sweep *tahitahi (-a), puruma (-tia)*

tree *rākau*

water *whakamākū (-tia)*

weed(s) *otaota*

weed *ngaki (-a)*

wheelbarrow *huripara*

yard *iāri*

## Kitchen

bake *tunu (-a)*

bench *tūpapa*

boil *kōhua (-tia)*

broom *puruma*

burnt *wera*

butcher knife *oka*

chop *tapahi (-a), tapatapahi (-a)*

cook (by boiling) *kōhua (-tia)*

cupboard *kāpata*

dishes *pereti, taputapu*

dishcloth *muku*

dishes rack *rerewai*

dishwasher *pūrere horoi pereti*

electric jug *hāka hiko, tiaka hiko*

electric range *tō hiko*

freezer *pātaka tio, pātaka keo*

fry *parai (-tia)*

frying pan *parai, ipu parai*

gas stove *tō haumāori*

jug *hāka, ipurau, tiaka*

kettle *tīkera*

kitchen *kīhini*

microwave *ngaruiti*

pantry *pātaka*

peel *waru (-hia)*

plug *puru*

refrigerator *pātaka mātao, pouaka whakamātao*

roast *tunu (-a)*

rubbish bin *ipu para*

saucepan *kōhua*

shelf *papa, papatū*

sink *puoto*

slice (noun) *poro*

slice *kōripi (-a)*

stir *kōrori (-tia)*

stove *tō*

tap *kōrere*

teatowel *tauera, tauwera, tāora*

toaster *whakatōhi*

## Dining room

bread board *papa parāoa*

butter dish *ipu pata*

chair, stool *tūru*

cup *kapu*

dining room *rūma kai*

dining table *tēpu kai*

fork *paoka, tirou, whāka*

glass (drinking) *karaehe*

knife *naihi, maripi, oka*

pass *hōmai, hoatu*

## Dining room (continued)

plate *pereti*

saucer *hoeha*

serve *whakarato (-hia)*

serviette *parehūhare*

spoon *pune, koko*

table cloth *whāriki*

table mat *takapapa*

teapot *tīpata, takawai*


## Bedroom

bed *moenga*

bedroom *rūma moe*

bedspread, quilt *uhimoenga, whāriki*

blanket, duvet *paraikete, pāpanarua*

box of tissues *pouaka rauangiangi*

brush *taitai, paraihe*

chest of drawers *waka kākaku*

clotheshanger *irikākahu*

comb (*noun*) *heru, koma*

comb *heru (-a)*

dream *moemoeā*

dressing table *tēpu whakapaipai*

fold *whātui (-a)*

hang *whakairi (-hia)*

lamp, light *rama*

make the beds *whakatika i ngā moenga*

mat *whāriki*

mirror *mira, whakaata*

pillow *urunga, pera*

pillow case *kōpaki*

rug *whāriki*

sheet *hīti*

sleep *moe*

snore *ngongoro*

wardrobe *kāpata kākahu*


## Living room

armchair *nohoanga*

bookcase *pūpuka*

carpet *whāriki*

CD player *pūrere kōpaepae*

chat, converse *kōrerorero (-tia)*

coffee table *tēpu kawhe*

couch *nohoanga roa*

curtain *ārai*

cushion *aupuru, kuihana, paretua*

fireplace *pākaiahi*

heater *kare, hatete, whakamahana, hīta*

lampshade *marurama*

living room *rūma noho*

mantelpiece *papa*

picture *pikitia*

play (CDs, tapes) *whakatangi (-hia)*

radio *irirangi*

read *kōrero pukapuka*

record player *pūrere kōpae pūoro*

sofa, settee *hopa, nohoanga roa*

tape recoder *pūrere hopu tangi*

television set *pouaka whakaata, taonga whakaata*

vase *ipu*

video player / recorder *pūrere whakaata*

watch tv *mātakitaki pouaka whakaata*

## Bathroom and toilet

antiseptic *patuero*

aspirin *rongoā ānini*

bath *kaumanga, kauranga, tāpu*

bathe *kaukau (-tia)*

bathroom *rūma kaukau*

bathroom cabinet *kāpata kaumanga*

brush teeth *paraihe (-tia) niho*

deodorant, anti-perspirant *patu mōrūruru*

dry (*adjective*) *maroke*

dry *whakamaroke (-tia)*

hand basin *oko horoi*

laundry basket *pūtea*

mat (bath/shower) *whāriki*

medicine *rongoā*

perfume *wai kakara*

plug hole *waiputa*

plug *puru*

razor *heu*

shampoo *hopi makawe*

shower *uwhiuwhi, hīrere*

soap *hopi*

sponge *hautai*

toilet *whare paku*

toilet pan *heketua, putanga hamuti, hamuti*

toilet paper *pepa heketua*

toothbrush *taitai niho, paraihe niho*

toothpaste *pāhi niho, pēniho*

towel *tauera, tauwera*

wash *horoi (-a)*

wash basin *oko horoi*

wet *mākū*

wipe *ūkui (-a)*

## Laundry

bleach *whakakōmā (-tia), whakatōki (-a)*

bucket *pākete, ipuheri*

clothes dryer *pūrere whakamaroke kākahu*

dustpan *taipuehu*

iron (*noun*) *haeana, rino*

iron *haeana (-tia)*

ironing board *paparino*

laundry *rūma horoi kākahu*

laundry basket *pūtea*

rinse *opeope (-a)*

scrub *hūkui (-a), kōmukumuku (-a)*

scrubbing brush *kauoro*

soap powder *rehu horoi*

tub *puoto*

vacuum cleaner *horopuehu*

wash *horoi (-a)*

washing machine *pūrere horoi*

wring *whakawiri (-a)*

## Hall

coat rack *irikākahu*

hall, vestibule *hōro, urumanga*

enter *uru (-a), hou (-a), kuhu (-na)*

entrance *tomokanga, kūaha*

pot plant *tīhake otaota*

shoe rack *mātiti hū*

stair *arapapa*

staircase *arapiki*

# 13 Computers — *Ngā rorohiko*

bold *taikaha*

bullet *matā*

CD, CD-rom *kōpaepae*

computer game *tākaro rorohiko*

computer programmer *kaituhi pūmanawa*

computer *rorohiko*

copy; to copy *whakaahua (-tia)*

database *pātengi rarauranga*

desktop *papamahi*

disk drive (unit) *puku rorohiko*

disk *kōpae*

diskette *kōpaepae*

e-mail *karere rorohiko*

file *kōnae*

font *momotuhi*

format (a disk) *whakataka*

format (layout); to format *whakatakoto (-ria)*

graphics software *pūmanawa whakairoiro*

hard drive *kōpae matua*

hardware *pūrere rorohiko, taputapu rorohiko*

indent *nuku, neke*

internet *ipurangi*

italic *tītaha*

keyboard *papa patopato*

memory *pūmahara*

monitor *kaupane*

mouse *kiore*

network *kōtuitui*

operating system *pūmanawa whakahaere*

plain (font style) *tōkau*

printer *pūreretā*

save *pupuri (-hia)*

scanner *matawai*

server *tūmau*

software *pūmanawa*

spreadsheet *ripanga*

underline *tāraro*

webpage *whārangi tukutuku*

website *tūranga tukutuku*

word processor *punenga kupu*

workstation *taupuni mahi*

World Wide Web (WWW) *tukutuku ao whānui*

# 14 Food — Ngā kai

apple *āporo*

banana *panana*

beef *mīti kau*

biscuit *pihikete*

blackberry *parakipere*

bread *parāoa*

breakfast *parakuihi*

butter *pata*

cabbage *kāpeti*

carrot *kāreti*

celery *herewī*

cereal *pata kai*

cheese *tīhi*

chicken *mīti heihei*

chilli (pepper) *hirikakā*

chips (potato) *maramara rīwai*

chocolate *tiakarete*

cholestorol *ngakototo*

chutney *kīnaki*

coffee *kawhe*

cooked *maoa, maoka*

cup of tea *kapu tī*

delicious *reka*

dinner *tina*

egg *hēki*

fat *hinu*

fish *ika*

french fries *rīwai parai*

fruit juice *waihonga*

fruit *hua, hua rākau*

grain *pata*

hamburger *hamipēka*

honey *miere*

ice cream *aihikirīmi*

jam *tiamu*

junk food *kai paraurehe*

kiwifruit *hua kiwi*

lamb *mīti reme*

lettuce *rētihi*

loaf *rohi*

lolly, candy *rare*

meat *mīti*

milk *miraka*

mutton *mīti hipi*

nut *nati*

oil *hinu*

onion *rīki*

orange *ārani*

pasta *pāketi, parāoa rimurapa*

pear *pea*

pepper *pepa*

pizza *parehe*

pork *mīti poaka*

porridge *pāreti*

potato *rīwai, taewa*

pudding *pūrini*

pumpkin *paukena*

rice *raihi*

roast, cook in oven *tao (-na)*

salt *tote*

sandwich *hanawiti*

sausage *hōtiti, tōtiti*

soft drink *waireka*

spaghetti *pāketi*

sugar *huka*

sweet potato *kūmara*

takeaways *kai hokohoko*

taste *hā*

tea bag *kori tīraurau*

tea *tī*

tomato *tōmato*

vegetable *hua whenua*

yoghurt *miraka tepe*

# 15 In the country — *I te taiwhenua*

bark *auau (-tia), pahupahu (-tia)*
barley *pāre, pārei*
bull *pūru*
bush, forest *ngahere*
calf *kāwhe, punua kau*
cattle *kau*
chicken *pīpī (heihei)*
corn *kānga*
cow *kau*
crow *tangi (-hia)*
deer *tia*
dog *kurī*
duck *rakiraki*
ewe *hipi uwha*
farm *pāmu*
farm bike *motopaika pāmu*
farmer *kaiahuwhenua, kaipāmu*
farming, agriculture *ahuwhenua*
fence *taiapa, taiepa*
field *whīra*
foal *punua hōiho*
goose *kuihi*
grape *kārape, kerepe, hua wāina*
grass *karāihe, karaehe, mautī*
harvest *hauhake (-tia)*
hay *hei*

hen *heihei, tīkaokao*
horse *hōiho*
kennel *whare kurī*
lamb *reme*
maize *kānga*
mare *hōiho uwha*
muster *whakahiato (-hia), whakataka (-ina)*
ride *eke (-a)*
oats *ōti*
paddock *pātiki*
pig *poaka*
pig sty *whare poaka*
piglet *punua poaka*
puppy *punua kurī*
rabbit *rāpeti*
ram *hipi toa, rāme*
rooster *tame heihei, pīkaokao*
shearing; shear *kuti hipi*
sheep *hipi*
stallion *tāriana*
steer *tia*
tractor *tarakihana*
vine *aka*
vineyard *māra wāina*
wheat *wīti*

# 16 In town — *I te tāone*

ATM (automatic teller machine) *rorohiko whitiwhiti moni*

bank *pēke*

browse *whakaraparapa (-tia)*

butcher shop *piha, poihā*

buy *hoko (-na) mai*

car park *tūnga waka*

cent *heneti*

city *tāone nui*

cheque *haki, tieki*

clothing shop *toa hoko kākahu*

court *kōti*

dairy *toa*

dollar *tāra*

EFTPOS *whitiwhiti moni ā-hiko*

escalator *ara piki*

footpath *ara hīkoi*

grocery *toa hoko kai*

lift, elevator *ararewa*

McDonalds *Makitānara*

mall (shopping) *rohe toa tāuhi*

money *moni*

museum *papa tongarewa*

pedestrian crossing *whakawhitinga*

picture theatre *whare pikitia*

Pizza Hut *Whare Parehe*

play video games *tākaro ataata*

post shop *poutāpeta*

restaurant *whare hoko kai*

road *rori, huarahi*

salesperson *kaihoko*

sell *hoko (-na) atu*

shoe shop *toa hoko hū*

shop, store *toa*

street *tiriti*

suburb *moka tāone, tapa tāone*

supermarket *toa hokomaha*

tower *pourewa*

traffic lights *rama ārahi*

video parlour *whare tākaro ataata*

# 17 Education — *Te mātauranga*

biology *(mātauranga) koiora*

blackboard *papa tuhituhi*

calculus *tuanaki*

chemistry *(mātauranga) matū*

class *rōpū ako*

classroom *rūma ako, akomanga*

course *kura*

economics *ohaoha*

English *reo Ingarihi*

exchange student *ākonga whakawhiti*

food technology *hangarau kai*

geography *mātai matawhenua*

high school *kura teitei*

history *ngā kōrero o mua/neherā*

homework *mahi kāinga*

lesson *whakaakoranga*

Māori (language) *reo Māori, reo rangatira*

mathematics *pāngarau*

module *kōwae ako*

pharmacology *mātauranga taka rongoā*

physical education *whakakorikori tinana*

physics *(mātauranga) ahupūngao*

## Education (continued)

polytechnic *kura tini*

primary school *kura tuatahi*

principal *tumuaki*

School Certificate *Kura Tiwhikete*

school subject *kaupapa ako, marau*

school *kura*

science *pūtaiao*

secondary school *kura tuarua*

social studies *tikanga-ā-iwi*

student *ākonga*

study time *wā akoranga*

teacher *kaiako, kaiwhakaako*

technology *hangarau*

timetable *wātaka*

total immersion *rumaki i te reo*

university *whare wānanga*

# 18 Transport — *Ngā waka hari tangata*

aeroplane *waka rererangi*

bicycle *paihikara, pahikara*

boat *poti*

bus route *ara pahi*

bus *pahi*

camper van *wakanoho, wakamoe*

canoe *waka*

car *motokā*

caravan *whare kumea, whare wīra*

drive *whakahaere (-a, -tia), taraiwa (-tia)*

ferry *perepoti, waka kawekawe*

get off, get out *heke (-a)*

get on, board *eke (-a)*

helicopter *rererangi pōwaiwai*

jet plane *rererangi pūkaha hū*

main road *ara matua*

motorcycle *motopaika*

oil *hinu*

paddle *hoe, oar*

petrol *penehīni*

petrol station *teihana penehīni*

puncture *poka*

road, street *ara, huarahi, rori, tiriti*

row, paddle *hoe (-a)*

sail *tere (-a), rere (-a)*

ship *kaipuke, pahī*

taxi *tākihi, tēkihi*

train *tereina*

ticket *tīkiti*

trailer *wākena tō*

train *tereina*

truck *taraka*

tyre *taea*

van *wākena*

vehicle *waka*

wheel *wīra, porohita, porowhita*

# 19 Work — *Te mahi*

accounting  *mahi kaute*

accounts clerk  *kaituhi kaute*

author, writer  *kaituhi*

carpenter  *kāmura*

company  *kamupene*

coroner  *kaiwhakawā o te kōti mō ngā tūpāpaku*

doctor  *tākuta*

employer  *kaituku mahi*

engineer  *kaipūkaha*

entertainer  *kaiwhakangahau*

funeral director  *kaiwhakarite uhunga*

have work, have a job  *whai mahi*

head office  *tari matua*

job  *tūranga, tūnga*

judge  *kaiwhakawā*

lawyer  *rōia*

nurse  *tiaki tūroro*

office  *tari*

officer  *āpiha*

pharmacist  *kaitaka rongoā*

position  *tūranga, tūnga*

public relations officer  *takawaenga*

salary  *utu-ā-tau*

social worker  *kaimahi-ā-iwi*

soldier  *hōia*

taxi driver  *kaitoko tēkehi*

teacher  *kaiako, kaiwhakaako*

training scheme  *whakahaere whakangungu*

wages  *utu-ā-haora*

waiter  *kaiwhakarato kai*

work  *mahi*

worker  *kaimahi*

# 20 Leisure, sport and pastimes — *Ngā mahi-a-rehia*

athletics  *kaiaka*

baseball  *poiuka*

basketball  *poi tūkohu*

billiards  *piriota*

bowls  *maita*

coach  *kaiwhakaako*

competition  *whakataetae*

cricket  *kirikiti*

electronic game  *tākaro hiko*

exercise  *whakakorikori tinana*

game, sport  *hākinakina, tākaro*

golf  *haupōro*

gymnastics  *taka porepore*

hockey  *hōki*

holiday  *hararei*

martial arts  *ruturutu*

netball  *netipōro, poi tarawhiti*

party  *pātī*

player  *kaitākaro*

playing field, sports ground  *papa tākaro*

rugby football  *whutupōro*

rugby league  *rīki*

running  *omaoma*

skateboarding  *retireti ā-papa wira*

skiing  *retihuka*

softball  *poi ngohengohe*

surfing  *whakaheke ngaru*

swimming  *kauhoe*

team  *rōpū*

tennis  *tēnehi*

ten-pin bowling  *maita tekau pine*

touch rugby  *whutupōro whakapā*

tourist  *kaiwhakatāpoi*

video game machine  *mihini ātea*

video games parlour  *whare tākaro ataata*

volleyball  *poirewa*

windsurfing  *mirihau*

## 21 Clothing — *Ngā kākahu*

blouse  *humeuma, hāketi, hikurere*

boots  *pūtu*

bra  *pari uma, kopeū*

coat  *koti*

dress, frock  *kaka, kākahu*

dressing gown  *pueru whakakākahu, kaone tangatanga*

gumboot  *kamupūtu*

hat  *pōtae*

jacket  *tiakete, koti poto*

jeans  *tarau tāngari*

leotard  *kahupiri*

nightie  *kakamoe, kākahu moe*

pantyhose  *marowae, pirikiri*

petticoat  *panekoti*

put on  *whakamau (-a)*

put on clothes, get dressed  *whakamau kākahu*

pyjamas  *kakamoe, kākahu moe*

rain coat  *koti ua*

shirt  *hāte*

shoe  *hū*

shorts  *tarau poto*

singlet  *hingareti*

skin-tight clothing (lycra-type)  *kahupiri*

slippers  *hiripa*

socks, stockings  *tōkena*

swimsuit  *kākahu kaukau*

take off clothes, get undressed  *tango (-hia) kākahu, unu (-hia) kākahu*

trousers, pants  *tarau*

umbrella  *hamarara*

underpants  *tarau roto*

walking shoes  *hū hīkoi*

accident and emergency unit (A and E)
 *taiwhanga mate whawhati tata*

appointment *whakaritenga*

asthma *huangō, kukume, ngoio, tīmohu*

bandage *takai*

cancer *mate ngau*

crutches *turupou*

cure, heal *whakaora (-tia)*

dead *mate*

death *mate*

dental nurse *nēhi ā-niho*

dentist *pou niho, rata niho*

diet *kai whakatinanga*

doctor *tākuta*

earache *taringa pākikini, taringa mamae*

exercise *korikori tinana*

filling (in tooth) *whakakīkī*

fitness *taha kaha, taha ora*

headache *kotiuru, ngāhoahoa*

healthy *ora*

heart attack *manawa-hē*

hospital *hōhipere*

hospital (base/regional) *hōhipere-ā-rohe*

infection *mate, whakapokenga*

injection *werohanga*

medicine *rongoā*

mental health *oranga hinengaro*

nurse *tiaki tūroro*

ointment *rongoā pani*

operation *pokanga*

optician *tohunga mōhiti, kaimātai whatu*

optometrist *tākuta whatu*

pharmacist *kaitaka rongoā*

plaster cast *pāpāuku*

plaster *whakapiri*

psychiatric hospital *hōhipere mate hinengaro*

sick *māuiui*

sore *mamae, mate*

specialist *mātanga*

stroke *ikura roro*

surgeon *rata kokoti, tākuta kokoti*

surgery *whare rata, whare tākuta*

toothache *niho tunga*

treat *whakamaimoa (-tia)*

treatment *maimoatanga*

vitamin *ranuranu, matū ora*

ward *takotoranga tūroro*

well *ora*

wheelchair *kōrea*

# GUIDE TO GRAMMAR AND STRUCTURES

- Pronouns
- About "of" in Māori
- Possessive Pronouns
- Indicating the Action
- Neuter Verbs
- Saying "No"
- Questions, Questions

- Word Building

# PRONOUNS

## 1 Referring to one person

| | |
|---|---|
| au/ahau[1,2] | I, me |
| koe | you |
| ia | he, she, it |

[1] Most times you can choose whether to use *au* or *ahau*. However, you cannot have the personal article *a* in front of *ahau*. For *au* you say, for example, *ki a au*, but for *ahau* you must say *ki ahau*.

[2] *Awau* and *wau* are dialect variations commonly heard on the East Coast of the North Island.

## 2 Referring to two people

| | |
|---|---|
| *tāua* | we, us (you and I) (the speaker **includes** the listener) |
| *māua* | we, us (he/she and I) (the speaker **excludes** the listener) |
| *kōrua*[1] | you |
| *rāua* | they, them |

[1] *Kōurua* is a common variation used from Auckland north.

## 3 Referring to more than two people

| | |
|---|---|
| *tātou*[1,2] | we, us (you and I) (the speaker **includes** the listener/s) |
| *mātou*[1,2] | we, us (they and I) (the speaker **excludes** the listener/s) |
| *koutou* | you |
| *rātou*[1,2] | they, them |

[1] *Tātau, mātau* and *rātau* are common dialect variations used in the Bay of Plenty area.

[2] The long first *ā* on these pronouns is sometimes pronounced as a short *a*, particularly in the Te Arawa region.

# ABOUT "OF" IN MĀORI

## Possessives

In this section we attempt to explain some uses of possessives in Māori, with some notes on the cultural background to these.

### "Possessors" and "what is possessed"

We use these terms a lot in this section. Here are some examples to help make it clear what they mean. "Possessor" words in parentheses (like this) mean that the identity of the possessor is implied by the possessive pronoun.

| Statement | Possessor | Possessed |
|---|---|---|
| Arā āna pukapuka. *(There are her books.)* | (ia) | pukapuka |
| Kei hea te waireka a Kim? *(Where's Kim's soft drink?)* | Kim | waireka |
| He kiore tā rāua mōkai. *(Their pet is a mouse.)* | (rāua) | mōkai |
| Ko tōu rongoā tēnā. *(That's your medicine.)* | (koe) | rongoā |
| Ko tēnei tāku tāne. *(This is my husband.)* | (au) | tāne |
| Ngā kai o Tairanga. *(The foods of Thailand.)* | Tairanga | kai |

### Ā and Ō categories

When you make "of" statements in Māori, you need to take into account the relationship between who or what is the possessor and who or what is possessed. Māori sorts this relationship into one of two major categories, which show themselves in a group of small and very common words. See the tables on pages 89-92. You will notice that the words are mostly in pairs and look the same, apart from one letter — some contain *ā* and some contain *ō*.

So the quick way of describing the different relationships is to say whether they fit into either the *ā* or the *ō* categories.

### Understanding the ā and ō categories

Language reflects culture, and the *ā*/*ō* categories reflect a Māori view of the world. This is a view steeped in its own traditions. Some of these may be hard for people today to understand. Nevertheless, the different forms of possessives are a basic part of daily language, and as a student of Māori you will be constantly coming across them. In the first place, you need to be aware of the various forms, and, as your command of the language increases, use them with confidence.

The categories and their groupings listed on pages 84-86 are a general guide only. The use of *ā* and *ō* varies depending on how the person making the statement sees the relationship between the possessor and the person or thing that is possessed. See the section **"Three key questions"** on pages 87-88 if you want help in refining your understanding further.

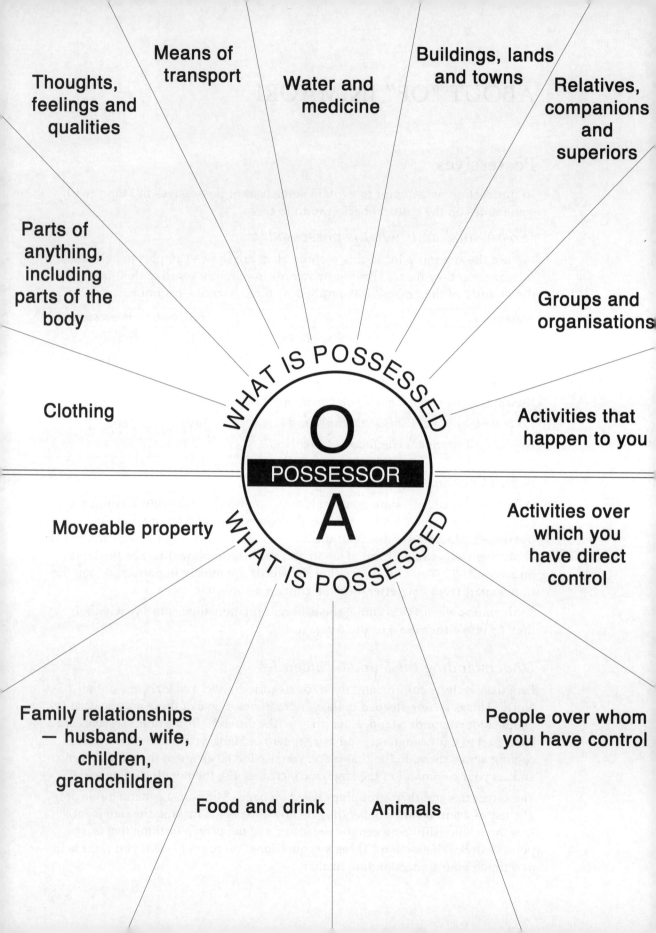

# Ā groupings

You use the **ā** form in statements where:

- the possessor exercises influence or control over what is possessed *or*
- the concept of private ownership is uppermost.

The following groups fall into this category.

## • *Moveable property*
(but not clothing or any means of transport)

*Te pēne a Hori.* George's pen.
*Arā āna pukapuka.* There are her books.

## • *Food and drink*
(but not water)

*Kei hea te waireka a Kim?* Where's Kim's softdrink?
*Kua kainga katoatia tā tāua tiakarete.* Our chocolate is all eaten.

## • *These family relationships: husband, wife (or intimate partner); children, grandchildren*

*Ko tērā te wahine a Paora.* That is Paora's wife.
*Ko tērā te tāne a Rīpeka.* That is Rebecca's husband.
*Anei āku mokopuna.* Here are my grandchildren.

## • *People over whom the "possessor" can exercise control*

*Kei te whakaako ia i āna ākonga.* She is teaching her students.
*Nāna ēnei kaimahi.* These are his workers.

## • *Animals*

*He kiore tā rāua mōkai.* Their pet is a mouse.
*Kotahi rau āna kau.* She has one hundred cows.

## • *Activities over which the "possessor" has direct control*

*He kuti hipi tāna mahi.* His job was shearing sheep.
*Anei tētahi waiata mā Kiriona.* Here is a song for Kiriona (to sing).

# Ō groupings

You use the **ō** form in statements where:

- the possessor has a relationship of respect for what is possessed *or*
- what is possessed in some way exercises control over the possessor *or*
- there is a strong element of communal ownership.

The following groups fall into this category.

## • *Parts of anything including parts of the body*
(in the sense that the whole has "control" over its various parts)

*Kei te mamae te ihu o Paki.* Paki's nose is sore.
*He nui ngā rūma o te whare.* The rooms of the house are big.

## • Clothing

(traditionally clothing was made from communal resources)

*Anā tōna pōtae.* There's his hat.
*He hū hou ō Sean.* Sean has some new shoes.

## • Feelings, thoughts and qualities

*Ki tōku whakaaro, he tika tēnā.* As far as I'm concerned, that's right.
*He nui te aroha o ngā tamariki ki a ia.* The children love him dearly.
*Nā tōna tere ia i toa ai.* Because of her speed she won.
*Ka nui te riri o Perina.* Perina was very angry.

## • Transport (including the horse)

*Ko Mātaatua tō mātou waka.* Our canoe is Mātaatua.
*Arā te hōiho o Hōne.*   There's John's horse.

## • Water and medicine

(water is a communal resource and traditionally medicine was made from communal resources)

*Hōmai he wai mōku.*   Give me some water, please.
*Ko tōu rongoā tēnā.*   That's your medicine.

## • Buildings, land, towns

*Kei hea te kura o tēnei tamaiti?* Where is this child's school?
*Kua hokona e ia ōna whenua.* He has sold his lands.

## • Family relationships (other than husband, wife, children and grandchildren), companions and superiors

*Ko tērā kaumātua tō tāua rangatira.* That kaumatua is our chief.
*Ko rāua ōku mātua.* They are my parents.
*Mauria mai ō koutou hoa.* Bring your friends.

## • Groups and organisations

*Ko ia te Mema Paremata nō te Tai Tokerau.* She's the MP for Northern Māori.
*Ko te poari kaiwhakahaere o te kura.* The board of trustees of the school.

## • Activities that happen to the "possessor"

*I kite ia i te kainga o te ika e Tex.* He saw the fish being eaten by Tex.
*Anei tētahi waiata mō Kiriona.* Here is a song about Kiriona.


## As an alternative ...

... to checking through these categories, try asking the three questions on pages 87-88 about the relationship between possessor and what is possessed.

# Three key questions for choosing possessive forms

To help to choose which possessive form to use, try asking the following three questions about the relationship between possessor and what is possessed. The questions need to be asked in this order.

## 1 Is there a question of place or location?

If the answer is 'yes' then *ō* forms are used. For example:

*Ngā kai o Tairanga.* The foods of Thailand.
*Ngā iwi o te ao.* The peoples of the world.

Here *ō* forms are used because the thing uppermost in the statement is the location of the foods or the people.

You will also see in the first example that *o* is used even though food is listed as *ā* category in the table. This is because there is no sense of control or private ownership. It is the location or identity of the foods that is the important thing.

## 2 Is there a question of control or private ownership?

If the answer is 'yes', then *ā* forms are used. For example:

(a) *Anei he kai māu.* Here's some food for you.

In this example, the *ā* form is used because it is a question of control. The person is going to eat the food. Eating something obviously means you have control over it.

(b) *Ko ēnei ngā kau a Hata.* These are Hata's cows.

Here, the *ā* form is used because Hata has control over the cows. He can sell them or have them sent off to the works. *Ā* is also used because it is a question of private ownership.

(c) *Ko tēnei tāku tāne.* This is my husband.

In this example, it is a question of a private relationship. The relationship between a husband and wife is private, one over which both parties have control. This relationship is different from other communal relationships with other whānau members.

(d) *Ko Rewi te tama a Pita.* Rewi is Pita's son.

In this example, the *ā* form is used because parents have control, or should have, over their children.

(e) *Anā tā mātou taonga whakaata hou.* That's our new television.

In this example, the television set has been bought and is owned by the people in question. They have control over it. It is owned privately by them.

## 3 Is there a question of respect or communal ownership?

If the answer is 'yes' to this question, or the answers to the two previous questions have been 'no', then the *ō* form must be used. For example:

(a) *Hōmai he wai mōku.* Give me some water.

**Water** is something that comes from a natural source such as a spring, a lake or a river. You do not have private ownership of water sources. Ownership is communal. Therefore an *ō* form is used with water. However, if you were talking about a soft drink you would use an *ā* form, because soft drink is regarded as a form of food, as something you control.

(b) *Anei tōna rongoā.* Here is his medicine.

**Medicine** traditionally was something that came from plants or trees or other natural sources. It came from sources that were owned communally. There were appropriate karakia and rituals associated with the making and use of natural medicines. Proper respect needed to be demonstrated at all stages.  For these reasons the *ō* forms are used with medicines.

(c) *Ko Tainui tō rāua waka.* Tainui is their canoe.

**Means of transport** were owned communally and highly treasured. Numerous karakia and rituals were performed to demonstrate proper respect and veneration. Hence, canoes and other forms of transport require the *ō* form.

The horse also takes *ō* because it was thought of a means of transport that needed to be respected. Initially, it was not thought of as a privately owned animal. This use of *ō* with the horse has carried over to today.

(d) *Ko tēnei tōku whare hou.* This is my new house

**Buildings** take *ō* because they were made of natural resources from the forest of Tāne. These resources were communally owned. Proper rituals were carried out and respect was shown at all stages of the life of a building.

**Land** also was communally owned and something that greatly influenced your life. If you didn't respect it would cease to sustain you. Therefore the *ō* form is used with land.

(e) *Ko Ngā Roimata te whaea o Hera.* Ngā Roimata is Hera's mother.

In this example, custom requires you to respect your parents, your siblings and your elders. Therefore *ō* is used with these relationships

If you're still not sure after having answered these three questions, you may need to look at the categories again.

# POSSESSIVE PRONOUNS

## A   "General purpose" possessive pronouns

These are the most commonly used possessive pronouns in Māori. When these are used, the speaker is making no particular comment on whether ownership is temporary, actual or permanent.

### 1   Belonging to one person

| Pronoun | Possessive pronoun | | | Comment |
| | Ā form | Ō form | Neutral[1] | |
|---|---|---|---|---|
| au, ahau | tāku | tōku | taku | my (singular[2]) |
| | āku | ōku | aku | my (plural[3]) |
| koe | tāu | tōu | tō | your (singular) |
| | āu | ōu | ō | your (plural) |
| ia | tāna | tōna | tana | his, her (singular) |
| | āna | ōna | ana | his, her (plural) |

[1] These neutral forms can be used in place of both the ā and ō category forms. They are common in modern spoken Māori. They can only be used in front of a noun, never by themselves.

[2] Singular = a single possession

[3] Plural = more than one possession

### 2   Belonging to two people

| Pronoun | Possessive pronoun | | Comment |
| | Ā form | Ō form | |
|---|---|---|---|
| tāua | tā tāua | tō tāua | our (singular[1]) ⎫ = your and my — speaker |
| | ā tāua | ō tāua | our (plural[2]) ⎬ **includes** listener |
| māua | tā māua | tō māua | our (singular) ⎫ = your and my — speaker |
| | ā māua | ō māua | our (plural) ⎬ **excludes** listener |
| kōrua | tā kōrua | tō kōrua | your (singular) |
| | ā kōrua | ō kōrua | your (plural) |
| rāua | tā rāua | tō rāua | their (singular) |
| | ā rāua | ō rāua | their (plural) |

[1] Singular = a single possession

[2] Plural = more than one possession

## 3 Belonging to three or more people

| Pronoun | Possessive pronoun | | Comment | |
|---|---|---|---|---|
| | Ā form | Ō form | | |
| tātou | tā tātou | tō tātou | our (*singular*[1]) } | = your and my — *speaker* |
| | ā tātou | ō tātou | our (*plural*[2]) } | *includes* listener/s |
| mātou | tā mātou | tō mātou | our (*singular*) } | = their and my — *speaker* |
| | ā mātou | ō mātou | our (*plural*) } | *excludes* listener/s |
| koutou | tā koutou | tō koutou | your (*singular*) | |
| | ā koutou | ō koutou | your (*plural*) | |
| rātou | tā rātou | tō rātou | their (*singular*) | |
| | ā rātou | ō rātou | their (*plural*) | |

[1] Singular = a single possession

[2] Plural = more than one possession

# B Possessive pronouns with *nā* and *nō* — emphasising actual ownership

The forms *nā* and *nō* are used when the speaker wants to stress actual or permanent ownership. They can often be translated by the English "belonging to". In addition, *nō* is often used in the sense of "from" (a place).

*Nā* and *nō*, like *ā* and *ō*, combine with nouns and names.

*Nā te tāne rā te kau nei.* This cow belongs to that man.
*Nā wai ēnei pouaka?* Whose are these boxes?
*Nō hea koe?* Where are you from?
*Nō Ōtautahi au.* I'm from Christchurch.

They also combine with pronouns. However, the *nā/nō* forms of possessive pronouns don't distinguish whether what is owned is singular or plural.

## 1 Belonging to one person

| Pronoun | Possessive pronoun | | Comment |
|---|---|---|---|
| | Ā form | Ō form | |
| au, ahau | nāku | nōku | mine, belonging to me |
| koe | nāu | nōu | yours, belonging to you |
| ia | nāna | nōna | his/hers, belonging to him/her |

## 2    Belonging to two people

| Pronoun | Possessive pronoun | | Comment |
|---|---|---|---|
| | Ā form | Ō form | |
| tāua | nā tāua | nō tāua | ours, belonging to us<br>= your and my — *speaker **includes** listener* |
| māua | nā māua | nō māua | ours, belonging to us<br>= his/her and my — *speaker **excludes** listener* |
| kōrua | nā kōrua | nō kōrua | yours, belonging to you |
| rāua | nā rāua | nō rāua | theirs, belonging to them |

## 3    Belonging to three or more people

| Pronoun | Possessive pronoun | | Comment |
|---|---|---|---|
| | Ā form | Ō form | |
| tātou | nā tātou | nō tātou | ours, belonging to us<br>= your and my — *speaker **includes** listener/s* |
| mātou | nā mātou | nō mātou | ours, belonging to us<br>= their and my — *speaker **excludes** listener/s* |
| koutou | nā koutou | nō koutou | yours, belonging to you |
| rātou | nā rātou | nō rātou | theirs, belonging to them |

# C    Possessive pronouns with *mā* or *mō* — emphasising intended ownership

The forms *mā* and *mō* are used when the speaker wants to emphasise future ownership. They can often be translated by the English "for". In addition, *mō* is often used in the sense of "about".

*Mā* and *mō*, like *ā* and *ō*, combine with nouns and names.

*Mā te tāne rā te kau nei.* This cow is for that man.
*Mā wai ēnei pouaka?* Whose are these boxes for?
*Mō wai ēnā kākahu?* Who are those clothes for?
*Mō Rewi te kōrero nei.* This story is about Rewi.

They also combine with pronouns. However, the *mā/mō* forms of possessive pronouns don't distinguish whether what is owned is singular or plural.

## 1  Will belong to one person

| Pronoun | Possessive pronoun | | Comment |
| | Ā form | Ō form | |
| --- | --- | --- | --- |
| au, ahau | māku | mōku | for me |
| koe | māu | mōu | for you |
| ia | māna | mōna | for him/her |

## 2  Will belong to two people

| Pronoun | Possessive pronoun | | Comment |
| | Ā form | Ō form | |
| --- | --- | --- | --- |
| tāua | mā tāua | mō tāua | for us = you and me — *speaker **includes** listener* |
| māua | mā māua | mō māua | for us = him/her and me — *speaker **excludes** listener* |
| kōrua | mā kōrua | mō kōrua | for you |
| rāua | mā rāua | mō rāua | for them |

## 3  Will belong to three or more people

| Pronoun | Possessive pronoun | | Comment |
| | Ā form | Ō form | |
| --- | --- | --- | --- |
| tātou | mā tātou | mō tātou | for us = you and me — *speaker **includes** listener/s* |
| mātou | mā mātou | mō mātou | for us = them and me — *speaker **excludes** listener/s* |
| koutou | mā koutou | mō koutou | for you |
| rātou | mā rātou | mō rātou | for them |

# INDICATING THE ACTION

This section is a summary of "verb markers", that group of little words and phrases which are constantly cropping up in Māori. When they are attached to verbs, they give the clues to:

- when the action takes place ("tense markers" and "*ai*")
- if there is some sense of command or obligation about the action ("mood markers")
- if there is an emphasis on who performs the action, rather than the action itself ("emphatic subject markers").

## A   Tense markers

### 1   *I*

*I* is used to indicate the past. It marks the event simply as happening in the past. It does not indicate whether the event was completed or how long it lasted.

*I haere au ki te tāone inanahi.* I went to town yesterday.
*I kau a Hinemoa ki Mokoia.* Hinemoa swam to Mokoia.

However, if a sentence begins with an expression of past time, for example *inanahi* (yesterday), or *i tērā wiki* (last week), then *ka* is used before the action.

*Inanahi ka haere au ki te tāone.* I went to town yesterday.
*I tērā wiki ka tae mai ia.* She arrived last week.

### 2   *Kei te*[1]

*Kei te* is used to indicate the present and, sometimes, the future.

*Kei te mahi ia.* She is working
*Kei te mahi tonu ia i te ahiahi nei.* She'll still be working this afternoon.

[1] *Kei te* is much more common in Eastern Māori dialects than in Western and Northern, where *e ... ana* is often used instead.

### 3   *I te*[1]

*I te* is used to mark the past tense. It also indicates that the action was ongoing in the past.

*I te kōrero tonu te tangata.*   The man was still talking.

[1] *I te* is much more common in Eastern Māori dialects than in Western and Northern, where *e ... ana* is often used instead.

### 4   *Ka*

*Ka* is often used to introduce an action or state. You have to use context to tell whether it is happening in the past, present or future. If there are no other words in the sentence to indicate time, then it should be read as present.

*Ka haere ia ki Ahitereiria ā tērā marama.* He's going to Australia next month. (*future*)
*Ka haere ia ki Ahitereiria i tērā marama.* He went to Australia last month. (*past*)
*Ka nui ngā kai.* There's a lot of food. (*present*)
*I te kōanga, ka horo te tupu o te pūhā.* In the spring, puha grows fast. (*present*)

*Ka* is also used to mark a series of events in the past, present, and future.

*Ka tū ia, ka kōrero i ōna whakaaro, ā, ka noho.* He stood up, expressed his opinion and sat down.

## 5     E ... ana

*E ... ana* is used for actions that are continuing. They can be in the past, present or future, depending on the context.

*E haere ana au ki te hoko kai āpōpō.* I'm going to buy food tomorrow.
*E kōrero ana ia i nāianei.* He's talking now.
*E mahi ana rātou inanahi.* They were working yesterday.

It is used in preference to *kei te* and *i te* in Western and Northern Māori dialects.

If the action does not come first in the sentence or if, in the speaker's mind, the action is not the focus of the sentence, then *e ... ana* is used.

*Kei korā ia e tū ana.* He's standing over there.
*Titiro ki tērā tamaiti e haututū ana.* Look at that child being naughty.

## 6     Kua

*Kua* is most often used to mark past time. When this is the case, it marks a previous event that has relevance to the time when the statement is made. Look at these two sentences.

*Kua tae mai ngā manuhiri inanahi.* The visitors arrived yesterday. (*Implies ...* and we're still involved with hosting them.)
*I tae mai ngā manuhiri inanahi.* The visitors arrived yesterday. (*Implies ...* and I don't have to do anything about it now, or it's not affecting me now.)

*Kua* is often used where English uses "has", "have" or "had".

*Kua horoi ia i ōna ringa.* He has washed his hands.
*Kua mutu te hui.* The meeting has finished. (*or* The meeting is finished.)

*Kua* can imply that an action has begun.

*Kua tangi te piana.* The piano has started playing.
*Kua toto tōna ihu.* His nose has started bleeding. (*or* His nose is bleeding.)

*Kua* can be used to mark the future. In this case it implies certainty.

*Kua haere au.* I'm going (right now).
*E kore e roa kua tīmata taku hoa.* It won't be long before my friend starts. (*Implies ...* and that's a certainty.)

## 7     Ana

*Ana* can be used by itself after the verb. It is often used in storytelling.

*Mutu ana te kai, ka wehe rātou.*     When the meal was finished, they left.

## 8   Inā

Inā can be used within a sentence to refer to future time. It is not used with the main action of the sentence.

*Inā tae mai koe, ka haere tātou.*  When you arrive, we can go.

## 9   No tense marker

Sometimes a verb can be used without a tense marker. However, in almost all cases there will be some other particle following the verb.

*Haere tonu rātou, ā, ka tae ki te awa.*  They carried on and reached the river.
*Mōhio tonu ia ko wai tērā tangata.*  He knew straightaway who that person was.
*Mahi noa rātou, ā nāwai rā, ka oti te mahi.*  They worked on, and after a while the job was finished

## 10   E

Although it is rare, *e* can be used by itself before a verb to mark future time.

*E whai koe i a ia ki tōna whare.* You will follow him to his house.

# B   *Ai*

*Ai* can be used after the verb in some dialect regions (but not in Tai Tokerau) to mark habit or frequency. It can be used in the sense of *often* or *used to* in English.

*I ngā Mane haere ai ia ki te mahi.*  He goes to work on Mondays.
*Waiatatia ai taua waiata i ngā tau o mua.*  That song was often sung in years gone by.

# C   Mood markers

## 1   Me

*Me* expresses obligation, both moral and legal.

*Me ako koutou i ēnei kupu.*  You should learn these words.
*Me haere ngā tamariki ki te kura.*  Children have to go to school.

Formerly *me* was never followed by a verb with a passive ending, although the rest of the sentence could be passive in form.

*Me horoi e koe ō ringa.* You should wash your hands.

However, it is becoming more and more common for younger speakers of Māori to use passive suffixes on verbs introduced by *me*.

## 2    Kei

*Kei* can be used by itself before a verb as a warning.

*Kei hinga koe!* (Watch out or) you will fall!

It is also used as the equivalent of the English *lest* or *in case*.

*Kua tere tōna haere kei tūreiti.* He went quickly in case he was late.

## 3    Kia

*Kia* is used with an adjective to make the equivalent of a command.

*Kia horo te kai!* Eat quickly!

It can be also be used to express a wish.

*Ko taku hiahia kia hokona mai e koe he waka hou.* I wish you'd buy me a new car.


# D    Emphatic subject markers

These are used to make the statement's emphasis the performer of the action, not the action itself.

## 1    Future emphatic – mā +subject ... e +verb

*Mā Pita te kau e miraka.* **Pita** will milk the cow.
*Māna koe e arataki.* **She** will guide you.

## 2    Past emphatic – nā + subject ... i + verb

*Nā Pita te kau i miraka.* **Pita** milked the cow.
*Nāna koe i arataki.* **She** guided you.

# NEUTER VERBS

Māori has a special class of verbs called "neuter verbs". These are sometimes called "statives", because they show the state of things after an action has happened. Here are the most common ones. Their English translations are often the past form of verbs. Note how many in this list end in "–ed".

| | |
|---|---|
| *ea* | paid for, avenged |
| *mahue* | left behind |
| *mākona* | satisfied, full (of food) |
| *marara* | scattered |
| *marū* | bruised |
| *mau* | caught, seized |
| *motu* | severed, cut off |
| *mutu* | finished |
| *oti* | completed |
| *pā* | struck |
| *pakaru* | broken |
| *pau* | used up, exhausted |
| *poto* | all dealt with |
| *rato* | provided |
| *riro* | obtained, acquired |
| *takoki* | sprained |
| *tū* | wounded |
| *whara* | hurt, injured |
| *whati* | snapped |

Neuter verbs are passive in meaning — the subject has been acted upon to bring it to this state.

*Kua pau ngā kai.* The food is all gone (has been consumed).
*Kua whara ia.* She is (has been) hurt.

The agent (person or thing) who performs the action is introduced by *i*.

*Kua mau te kurī i a ia.* He caught the dog. (The dog was caught by him)
*Kua mahue a Rachel i te pahi.* Rachel missed the bus. (Rachel was left behind by the bus)

# SAYING NO

## A  Negative Verb Markers

| | Positive verb markers | Negative verb markers |
|---|---|---|
| **Future tense** | Ka<br>*Ka kōrero ia ki tōna teina.* | Kaore ... e<br>*Kāore ia e kōrero ki tōna teina.* |
| **Present tense** | Kei te<br>*Kei te kōrero ia ki tōna teina.* | Kāore ... i te<br>*Kāore ia i te kōrero ki tōna teina.* |
| | E ... ana<br>*E kōrero ana ia ki tōna teina.* | Kāore ... e ...ana<br>*Kāore ia e kōrero ana ki tōna teina.* |
| **Past tense** | E ... ana<br>*E kōrero ana ia ki tōna teina* | Kāore ... e ...ana<br>*Kāore ia e kōrero ana ki tōna teina* |
| | I te<br>*I te kōrero ia ki tōna teina.* | Kāore ... i te<br>*Kāore ia i te kōrero ki tōna teina.* |
| | Kua<br>*Kua kōrero ia ki tōna teina.* | Kāore anō ... kia<br>*Kāore anō ia kia kōrero ki tōna teina.* |
| | Ka<br>*Ka kōrero ia ki tōna teina.* | Kāore ... i<br>*Kāore ia i kōrero ki tōna teina.* |
| | I<br>*I kōrero ia ki tōna teina.* | Kīhai/kāore ... i<br>*Kīhai[1]/kāore ia i kōrero ki tōna teina.* |
| **Commands** | *Karanga!* (Call!) | *Kaua e[2] karanga!* (Don't call!)<br>*Taihoa e karanga!* (Don't call yet!)<br>*Kāti te[3] karanga!* (Stop calling!) |
| | *Karangatia!* (Call (them)!) | *Kaua e karangatia!*<br>(Don't call(them)!)<br>*Taihoa e karangatia!*<br>(Don't call (them) yet!) |

*Notes*

[1] *Kīhai* is mainly used in Tai Tokerau. *Kāore* or one of its variants is used elsewhere.

[2] *Kauaka e ...* and *kauaka hei ...* are alternatives to *kaua e ...*.

[3] *Kāti te ...* is rarely used with verbs with passive endings

## B  Negative statements of identity

| Positive | Negative |
|---|---|
| *Identifying a class or type* | |
| **He** *hōiho tērā.* (That's a horse.) | **Ehara** *tērā i te hōiho.* (That's not a horse.) |
| **He** *hōiho ērā.* (Those are horses) | *Ehara ērā i te hōiho.* (Those aren't horses.) |

*Identifying something specific*

**Ko te** *hōiho tērā.* (That's the horse.)    **Ehara** *tērā i te hōiho.* (That's not the horse.)

**Ko ngā** *hōiho ērā.* (Those are the horses.)    **Ehara** *ērā i ngā hōiho.* (Those aren't the horses.)

## C    Negative statements of quality and descriptive  statements

| *Positive* | *Negative* |
|---|---|
| **He** *kino tēnā.* (That's bad.) | **Ehara** *tēnā i te kino.* (That's not bad.) |
| **Ko** *ia* **te** *tangata tino iti rawa.* (He's the smallest person.) | **Ehara** *ia i te tangata tino iti rawa.* (He's not the smallest person.) |

## D    Negative statements of location

| *Positive* | *Negative* |
|---|---|
| **Kei** *konei rāua.* (They are here.) | **Kāore** *rāua i konei.* (They are not here.) |
| **I** *konei rāua.* (They were here.) | **Kāore** *rāua i konei.* (They weren't here.) |

## E    Negative statements of possession

| *Positive* | *Negative* |
|---|---|
| **Kei** *i a ia tāku pukapuka.* (He's got my book.) | **Kāore i** *a ia tāku pukapuka.* (He doesn't have my book.) |
| **He** *tuakana tōna.* (She has an older sister.) | **Kāore** *ōna*[1] *tuākana.* (She doesn't have an older sister.) |
| **Nōku** *te koti pango.* (The black coat is mine.) | **Ehara i a au** *te koti pango.* (The black coat isn't mine.) |
| **Nā** *Makarena tērā tamaiti.* (That's Makarena's child.) | **Ehara i a** *Makarena tērā tamaiti.* (That's not Makarena's child.) |

1 A plural possessive is always used in this negative form.

## F    There is / are / was / were no ...

**Kāore he** *kapua i te rangi*    **There's not** a cloud in the sky.

**Kāore he** *tāngata i te marae.*    **There was no**body at the marae.

**Kāore he** *whakatina o ngā motokā tawhito*    **There were no** safety belts in old cars.

## G    Never

**Kore rawa** *ia i tae mai.*    He **never** arriv**ed**.

**E kore** *ia* **e** *haere mai.*    He **will never** come.

## H    Not at all

**Kāore kau** *a Kirsten i kōrero.*    Kirsten did**n't** speak **at all**.

# QUESTIONS, QUESTIONS

Interrogatives in Māori such as *wai, aha* and *hea* are always accompanied by other little words. These turn them into phrases that put the questions in context.

## • *Asking "who?"*

| | |
|---|---|
| **Ko wai** *rā?* | **Who**? (*reactive*) |
| **Ko wai** *ia?* | **Who** is she? (*subject*) |
| | (*present or past, depending on context*) |
| **Ko wai mā** *ēnei tāngata?* | **Who are** these people? (*subject*) |
| | (*present or past , depending on context*) |
| *Kei te kōrero koe* **ki a wai***?* | **Who** are you talking **to**? (*object*) |
| *Kei te kite koe* **i a wai***?* | **Who** can you see? (*object*) |
| **Mā wai** *tēnei mahi e mahi?* | **Who will** do this job? (*future*) |
| **Nā wai** *ngā pereti paru i horoi?* | **Who** washed the dirty dishes? (*past*) |
| **Kei a wai** *tāku pene?* | **Who has** my pen? (*present*) |
| **I a wai** *tāku pene?* | **Who had** my pen? (*past*) |
| **Nā wai** *tēnei pene?* | **Whose** pen is this? |

## • *Asking "what?"*

| | |
|---|---|
| **He aha***?* | **What**? (*reactive*) |
| **He aha** *tēnei? He pene tēnā.* | **What** is this? (=*What class of object is this?*) It's a pen. |
| **Kei te aha** *tērā tangata?* | **What** is that person **doing**? |
| *E titiro ana koe* **ki te aha***?* | **What** are you looking **at**? |
| *E kite ana koe* **i te aha***?* | **What** can you see? |
| *Kei te haere ia* **ki te aha***?* | **What** is she going **to do**? |
| **Kei roto aha** *ia?* | **What** is he **in**? |
| *Kua* **whiwhi aha** *koe?* | **What** did you **get**? |
| *I* **ahatia** *ia?* | What **happened to** him? |
| **Me aha** *au?* | **What should** I **do**? |

## • *Asking "where?"*

| | |
|---|---|
| **Kei hea***?* | **Where**? (*reactive*) |
| **Kei hea** *ia?* | **Where is** he? |
| **I hea** *koe?* | **Where were** you? |
| *E haere ana koe* **ki hea***?* | **Where** are you going? |
| *Kei te noho koe* **ki whea***?* | **Where** are you sitting? |
| *Kei te noho koe* **i hea***?* | **Where** are you living? |
| *E haere mai ana a Mere* **i whea***?* | **Where** is Mary coming **from**? |
| **Nō hea** *koe?* | **Where** are you **from**? |

**Note:** *hea* and *whea* are alternatives.

## • Asking "why?"

| | |
|---|---|
| *He aha ai?* | **Why**? (reactive) |
| *He aha koe i haere **ai** ki te kāinga?* | **Why** did you go home? |
| *He aha koe i kore **ai** e haere ki te tāone?* | **Why** did**n't** you go to town? |
| *Nā te aha ia i pukuriri **ai**?* | **Why** is he angry? |
| *Nā te aha i **pērā ai** tōna pukuriri?* | **Why** is he **so** angry? |

**Note:** in most cases the forms *he aha ... ai* and *nā te aha ... ai* are interchangeable.

## • Asking "how?"

| | |
|---|---|
| *Kei te pēwhea koe?* | **How** are you? |
| *He pēhea te pikitia?* | **What** is / was the film **like**? |
| | (*or* **How** was the film?) |
| *Pēwhea te rahi o te whare?* | **How** big is the house? |
| *I pēhea tōna hokinga ki te kāinga?* | **How did** he get back home? |

**Note:** *pēhea* and *pēwhea* are alternatives.

## • Asking "how much, how many?"

| | |
|---|---|
| *Tokohia ngā tāngata i te hui?* | **How many** people were at the hui? |
| *E hia ngā tīkiti e toe ana?* | **How many** tickets are left over? |
| *Kia hia?* | **How many** (do you want)? |

**Note:** the prefix *toko-* is usually added to *hia* when asking how many people. However, some dialects hardly ever use the *toko-* form, preferring to use the *e hia* form at all times.

## • Asking "which?"

| | |
|---|---|
| *Ko tēwhea?* | **Which one**? (*reactive*) |
| *Ko tēwhea māku?* | **Which one** is for me? |
| *Kei te kōrero koe i **tēhea** pukapuka?* | **Which** book are you reading? |
| *Ko ēwhea kei roto i te pouaka nā?* | **Which ones** are in that box? |

**Note:** *tēhea* and *ēhea* are alternatives to *tēwhea* and *ēwhea*.

## • Asking "when?"

| | |
|---|---|
| *Nōnahea / inahea?* | **When** (was that)? (*reactive — past*) |
| *Āhea?* | **When** (will that be)? (*reactive — future*) |
| *Āwhea koe haere **ai**?* | **When will** you go? |
| *Nōnahea koe i haere **ai**?* | **When did** you go? |
| *Inahea koe i tae mai **ai**?* | **When did** you arrive? |

**Note:** *inahea* and *nōnahea* are alternatives, as are *āhea* and *āwhea*.

# WORD BUILDING

## Reduplication

A number of words in Māori are able to be partially or wholly redoubled. For some nouns, it does not affect the meaning.

*ringa, ringaringa* hand, arm
*wae, waewae*     leg, foot

For other nouns the doubled word may have a different meaning.

*kiri*  skin     *kirikiri*   shingle, gravel
*ahi*  fire     *ahiahi*    late afternoon, evening

When a verb is doubled is usually indicates that the action is repeated.

*Kua noho rātou.* They sat down (*at the same time*).
*Kua nohonoho rātou.*   They sat down (*at different times*).
*I tae rātou ki te hōtera.* They arrived at the hotel (*together*).
*I taetae rātou ki te hōtera.*    They arrived at the hotel (*at different times*).

If a word is one or two syllables it may be partially doubled or fully doubled

*kume*     to pull
*kukume*    to pull with a jerk
*kumekume* to pull repeatedly

If the base word has three or more syllables only two of them will be doubled.

*mārohi*     *mārohirohi*
*pātai*      *patapatai*
*takahi*     *takatakahi*
*kōrero*     *kōrerorero*

Sometimes adjectives can de doubled when used in a plural sense.

*pai*   *papai*
*kino*  *kikino*
*nohi*  *nonohi, nohinohi*
*nui*   *nunui*

However, not all nouns, verbs and adjectives can be fully or partially doubled in Māori. You have to learn over time which can and which can't.

## The prefix *kai-*

*Kai* can be added to an action to mean the person who does that action

*waiata*     sing
*kaiwaiata*  singer
*mahi*       work
*kaimahi*    worker
*āwhina*     help
*kaiāwhina*  helper